JN092959

読めない文字に挑んだ人々

ヒエログリフ解読1600年史

宮川 創 著
So Miyagawa

河合 望 監修
Nozomu Kawai

山川出版社

まえがき

　想像してみてください。あなたは今、古代エジプトの神秘に包まれた壮大な神殿の中に立っています。目の前には、色鮮やかな壁画が広がり、そこにはまるで生きているかのような神々の姿が描かれています。しかし、あなたの目はすぐに、壁画の間に並ぶ不思議な文字に引き寄せられます。まるで魔法の呪文のように複雑に絡み合ったその文字こそ、古代エジプト人の魂が宿るヒエログリフなのです。

　今日、私たちはヒエログリフの神秘のベールをわずかながらも剝ぎ取ることができます。博物館のお土産コーナーに並ぶヒエログリフ入門書を手に取れば、その読み方の基礎を学ぶことができるでしょう。インターネットを検索すれば、ヒエログリフの解読法を丁寧に説明したサイトにたどり着くかもしれません。エジプトの遺跡で見つかった石碑や棺に刻まれたヒエログリフの脇には、現代語への翻訳が添えられている場合もあります。

　しかし、ほんの200年前までは、状況は全く異なっていました。19世紀前半に至るまで、世界中の誰1人として、ヒエログリフを正しく読み解く方法を知りませんでした。ツタンカーメンやクレオパトラの時代から、何千年もの間、ヒエログリフに秘められた古の言葉は、人類にとって手の届かない謎のままだったのです。

　紀元後4〜5世紀頃、ヒエログリフを読み書きする知識は、一部の神官や書記とともに歴史の闇の中に消え去りました。古

代エジプトに魅了されたギリシアの知識人たちは、想像力を駆使してヒエログリフの意味を推し量ろうとしましたが、その試みは真実からほど遠いものでした。ローマ時代、ビザンツ帝国時代、そしてイスラーム世界においても、数多くの学者がヒエログリフの解読に挑みましたが、いずれも徒労に終わりました。彼らは、ヒエログリフが鳥や動物、植物や日用品など、身の回りのものを象った姿をしていることに惑わされ、その字形がそのままの意味を表していると思い込んでしまったのです。この先入観が、ヒエログリフ解読の進展を幾世紀にもわたって阻む大きな障壁となりました。

　しかし、人類は決してあきらめませんでした。1歩1歩、そして1文字1文字、私たちはヒエログリフの真の姿に近づいていったのです。ヒエログリフのほとんどが表音文字であり、表語文字は稀であるということが徐々に明らかになっていきました。そして、1822年、フランスの天才言語学者ジャン=フランソワ・シャンポリオンが、ついにヒエログリフの謎を解き明かしたのです。シャンポリオンは、ヒエログリフが表音文字・表語文字・限定符の巧みな組み合わせによって成り立っていることを見事に論証しました。この画期的な発見は、瞬く間にヨーロッパ中に広まり、各国の優秀な学者たちが一丸となってヒエログリフの解読作業に取り組み始めました。

　本書では、ヒエログリフ解読に挑んだ人々の長く険しい道のりを描き出していきます。まるで、古代の呪いに立ち向かう探偵たちの活躍を追うかのように、私たちは彼らとともに真実を追究する旅に出ることでしょう。一筋の光明を求めて暗中模索

を続けた勇敢な知性の持ち主たちの物語は、私たちの好奇心を大いにかき立ててくれるはずです。

　でも、その前に、まずは現在のヒエログリフ研究で明らかになっている事実を概観してみましょう。ヒエログリフとは一体どのような文字なのか。古代エジプト人は、ヒエログリフをどのように用いていたのか。そして、ヒエログリフは、古代エジプトの社会や文化とどのように結びついていたのか。第Ⅰ部では、こうした疑問に答えながら、ヒエログリフの基礎知識を丁寧に解説していきます。この知識をもって第Ⅱ部の解読の歴史をたどれば、過去の研究者たちの苦闘と喜びを、より深く理解することができるでしょう。

　さあ、今こそ古代エジプトの神秘に分け入るときです。太古の昔から、スフィンクスのように沈黙を守り続けてきた「読めない文字」の秘密が、今、私たちの前に姿を現そうとしています。どうか、ワクワクしながらこの本を開いてください。きっと、あなたは知的興奮と感動に包まれることでしょう。

宮川　創

読めない文字に挑んだ人々
ヒエログリフ解読1600年史

目次

まえがき

第6章 シャンポリオン後のヒエログリフ研究 エジプト学の発展・・・・・・・・・・・・・・・・・・・・・ 188

あとがき

謝辞

参考文献／画像出典／URL一覧

第 I 部

ヒエログリフを
理解しよう！

第1章

ヒエログリフとは？

　ヒエログリフといえば、多くの人がエジプトの遺跡の壁に刻まれた絵のような文字を思い浮かべるのではないでしょうか。しかしながら、世界にはそのほかにマヤ文明のヒエログリフや、かつてアナトリア半島（現代のトルコ）で栄えたルウィ人のヒエログリフなどがあります。また、エストニア語などでは、漢字を指すときにもヒエログリフと表現することができるそうです。これらに共通しているのは、何かのイメージを象っている（もしくは元々は何かを象っていた）ということです。そのため、象形文字とも呼ばれます。

　そのなかで、特にエジプトのヒエログリフは、鳥、魚、人など、何を指しているのか非常にわかりやすいタイプの文字です。その特徴から、長い間、エジプトのヒエログリフは、その文字が象っているイメージがそのまま、その文字の意味を表していると思われてきました。そのような誤解に基づいた解釈は、ヒエログリフが使われなくなってから約1500年間行われてきましたが、結果的にそれらの解釈はどれもうまくいきませんでした。それもそのはずで、実はエジプトのヒエログリフの場合、文字が象っているものがその文字自体の意味と一致するのはごく一部で、かなりの数のヒエログリフはその文字の形とは直接関係のない音や内容を表していたのです。正しく解読されるまでには途方もない時間と試行錯誤が積み重ねられました。

エジプトの地勢と文字の特徴

　ヒエログリフが用いられた、エジプトの地勢について簡単に
紹介します。エジプトは地理的な特徴から大きく 2 つの地域に
分けることができます。1 つは、北部に位置するナイル・デル
タの地域、すなわちナイル川下流にあたる下エジプトです。も
う 1 つは、南部にあるナイル河谷（かこく）の地域、上エジプトになりま
す。北は地中海に面し、東西には広大な砂漠が広がっています。
南部のナイル河谷には、複数の急瀑（きゅうばく）（滝）があり、外部からの
侵入を阻む天然の障壁となっています。

エジプトの地勢

しかし、このような地理的な防御にもかかわらず、古代のエジプトは歴史を通じて様々な方向からの侵攻を受けてきました。北シナイからはアッシリア帝国やペルシア帝国が、地中海を通じては「海の民」やローマなどが、西部の砂漠からはリビアの部族が、そして南方からはクシュ王国が侵入してきたことがわかっています。

　エジプトの地理的な特徴は、その文化や生活にも大きな影響を与えています。特にナイル河畔に自生するカヤツリグサ科カヤツリグサ属の植物カミガヤツリ（紙蚊帳吊；Cyperus papyrus）、すなわちパピルスは、エジプト文明に欠かせない存在でした。古代エジプト人は、このパピルスを叩き延ばして並べたものをさらに重ねて叩いて紙状にし、そこに炭などで作ったインクを用いて文字などを書き記しました。これが、のちにパピルス資料やパピルス文献として知られるようになり、古代エジプトの豊かな歴史や文化を今に伝える重要な手がかりとなっています。

　古代エジプト人は、このパピルスのほかにも、土器片や石片（専門用語では、単数形ではオストラコン・複数形ではオストラカ）、木片、棺、布、壁、石など様々な場所やものにインクで古代エジプト文字を書いていました。また、神殿や墓の壁・柱、記念碑、石碑、石板、金属、粘土板などには彫った文字も多数見つかっています。

3つの文字とコプト文字

　古代エジプト文字には、ヒエログリフだけでなく、ヒエラティック、そしてデモティックという文字もあります。ヒエログリフ、ヒエラティック、デモティックの3つの文字をまとめて古代エジプト文字といいます。それぞれの特徴を見てみましょう。各項目の右上に示した文字は、いずれも「m」を表す文字です。

ヒエログリフ（Hieroglyph）

　代表的な古代エジプト文字で、何を象っているか、形がはっきりしています。この写実性が、かえってヒエログリフを解読する上でかなり大きな足枷となりました。象形文字の代表例として取り上げられることが多く、王族・貴族・役人などの墓の壁、神殿の壁、記念碑、スカラベ（フンコロガシ形の装飾品・護符）、ステラ（石碑）、葬送用コーン（円錐形の埋葬物）、棺、ミイラマスクなど様々なものに刻まれたり、描かれたりしました。宗教的・権威的な文字という位置づけにあり、左から右、右から左、上から下といういくつもの方向から書かれていることがわかっています。『死者の書』など、パピルスに書かれた宗教文書などにおいては、筆記体のヒエログリフが用いられました。

ヒエラティック（Hieratic）

　筆記用の文字で、インクを用いてパピルスや
オストラコン、布、陶器などに書かれました。
基本的に右から左に書かれています。ヒエログ
リフと比べて、文字が何を象っているかはわか
りにくく、複数の文字が合わさったように書かれたリガチャー
（合字）が多数あります。中王国時代（紀元前21世紀頃～紀元
前18世紀頃）の多くの文学作品や、政治・経済文書、新エジ
プト語で書かれた文書の多くは、ヒエラティックで書かれてい
ます。第3中間期～末期王朝時代（紀元前1085年頃～紀元前
525年頃）には、アブノーマル・ヒエラティックという、非常
に形が単純化・抽象化されたヒエラティックが用いられました。

デモティック（Demotic）

　ヒエラティックから派生した、さらに形が単
純化・抽象化された文字です。元の文字が何を
象ったのかが非常にわかりづらくなっており、当時の口語エジ
プト語に近いと考えられる言語変種（民衆文字エジプト語）を
表しています。パピルスやオストラコンなどにインクを用いて
書かれたほか、ステラなどの石碑などに刻まれました。有名な
ロゼッタ・ストーンには最上段にヒエログリフが書かれていま
すが、中段にはデモティックが刻まれています。デモティック
で書かれたエジプト語の文法は、現在も残るコプト語の文法に
非常に近いことがわかっています。

　そのほか、古代エジプト文字以外で、エジプト語が書かれた文字も存在します。それがコプト文字です。本書ではコプト文字は直接の取り扱い対象とはしていませんが、コプト文字で書かれたエジプト語であるコプト語は、ヒエログリフの言語の末裔として解読の際に非常に重要になってきますので、ここでその特徴について紹介します。

コプト文字（Coptic Alphabet）

　古代エジプト文字ではなく、ギリシア文字24文字に6～8のデモティック由来の文字を追加した文字です。アルファベットであり、すべての文字が表音文字です。母音文字と子音文字、複合文字があります。エジプト語をギリシア文字で書く試みは、主にプトレマイオス朝時代およびローマ時代になされましたが、紀元後3世紀頃から標準化され、キリスト教の拡大とともに広まりました。この、コプト文字で書かれたエジプト語を特別にコプト語といいます。初期キリスト教文書、キリスト教修道文書、グノーシス主義文書、マニ教文書、エジプト多神教魔術文書など様々な宗教文献がコプト語で残っています。また、手紙や領収書、メモなどもこの言語で多数残っています。

　ここからは、主に3種類ある古代エジプト文字のそれぞれの文字をもっと詳しく見てみましょう。まずは一番文字の境界がはっきりしているヒエログリフから順に解説します。

ヒエログリフ

彩色が残っているヒエログリフが書かれた壁の断片　セティ1世（在位：前1294または前1290～前1279）の墓で見つかった（大英博物館蔵）

　ヒエログリフは、聖刻文字、あるいは、神聖文字と訳されます。英語のヒエログリフ（Hieroglyph）は、ギリシア語のヒエロス（ίερός「神聖な」）と グリュフェー（γλυφή「刻まれたもの」）の複合語に由来するからです。このギリシア語は、古代エジプト語のメドゥウ・ネチェル（mdw-nṯr「神の言葉」）の翻訳借用（元の意味を翻訳して自分の言語に取り入れること）に由来するようです。冒頭でも紹介したように、世界にはマヤ文明のヒエログリフやルウィ人のヒエログリフなどいくつかのヒエログリフがあります。ですが、ヒエログリフという単語は最初にギリシア人（有名なところだとプルタルコスやヘロドトスなど）によって、古代エジプトのヒエログリフを表すために

使用されました。なので、古代エジプトのヒエログリフが元祖
ヒエログリフと呼べるわけです。

　ヒエログリフは、よく知られているように、動物や人など、
何を象っているかが非常にはっきりしている文字です。神殿や
墓の壁などに彫られていることが多いですが、木棺などに書か
れているヒエログリフや、『死者の書』など、パピルスに書か
れているヒエログリフもあります。特にパピルスにインクで書
かれたヒエログリフのことを筆記体ヒエログリフと呼ぶことも
あります。

　エジプトの遺跡に行くと、彫られたヒエログリフを数多く目
にすることでしょう。現在は色が見えないものが多いのですが、
作られた時には、鮮やかな色が塗られていたものもたくさんあ
ります。また、浮き彫りのものもあります。ルクソール西岸に
あるメディーネト・ハーブ（マディーナト・ハーブー）神殿
（ラメセス3世葬祭殿）には、驚くほど深く彫られたヒエログ
リフが存在します。宗教的な場面で使われ、丁寧に刻まれてい
るヒエログリフは、1文字1文字が非常にはっきりしています。

　ヒエログリフは、紀元前30世紀以前のプロト・ヒエログリ
フ（原エジプト文字）から紀元後4世紀まで、3000年以上に
わたって使われました。絵のような文字の形をしていることか
ら、象形文字の代名詞としてよく話題になります。ヒエログリ
フの知識が忘れられてから長いこと、この文字の読み方につい
ては様々な議論がありました。その文字が何を象っているかが
はっきりしているので、多くの人が、その文字が象っているも
のが、そのままその文字自体の意味だと考えてしまいました。

メディーネト・ハーブ神殿の壁画　一部のヒエログリフは、肘まで
腕が入りそうになるくらい深く彫られている（筆者撮影）

　しかしながら、その考えが当てはまるのはほんの一部で、実際
に使われている文字の多くが意味を含まず音だけを表す文字で
した。ただしややこしいことに、1文字が1単語を表すものも
あり、また、単語のカテゴリーを表す役割を担って発音には関
係しない限定符という文字もありました。つまりヒエログリフ
は、音だけを表す表音文字、1文字で音と意味を両方もってい
て単語を表す表語文字、そして単語のカテゴリーを表すために
添えられる限定符を組み合わせて表記された文字体系だったの
です。この複雑さがヒエログリフの解読を困難にした大きな要
因です。これらの表音文字・表語文字・限定符からなる文字体
系は、このあとで説明するヒエラティックとデモティックでも
共通です。表音文字・表語文字・限定符それぞれについては、

のちほど詳しく説明します。

筆記体ヒエログリフ（Cursive Hieroglyph）

　筆記体ヒエログリフ、または「くずしヒエログリフ」は、ヒエログリフをインクで書く際の筆記体で、主にパピルスに書かれました。その例の1つが『死者の書』で、これは死者のミイラと一緒に埋葬される葬送文書です。『死者の書』は、絵とヒエログリフで構成されており、死者が黄泉の世界を安全に通過し、最後の審判において、オシリス神の前で声正しき者と認められて、楽園であるアアルの野に行けるようにする呪文がたくさん書かれています。

アメン=ラー神の歌姫ナウニーのための『死者の書』（メトロポリタン美術館蔵：所蔵番号30.3.31）

古代エジプト第３中間期、紀元前1050年頃に作られたパピルスが、ニューヨークのメトロポリタン美術館に展示されています。このパピルスは、アメン=ラー神の歌姫を務めたナウニーという女性の墓から発見されました。ナウニーは70代で亡くなりましたが、「王の娘」という称号ももっていました。これは、彼女がアメン大神官で、テーベ地域の名目上の王でもあったパネジェム（ピネジェム）１世の娘であったことを示唆しています。

　当時の慣習に従い、ナウニーの墓には木製のオシリス像が納められており、その中には『死者の書』が記されたパピルスが収められていました。これを広げると、その長さは５メートル以上にもなります。

　このパピルスの中央には、「オシリスの審判」あるいは「心臓の秤量」と呼ばれる場面が描かれています。ナウニーは審判の間に立ち、自分の心臓が、正義と真実の女神マアトの羽根と天秤にかけられます。マアトは小さな姿で描かれ、大きなダチョウの羽を身につけています。もし心臓の重さがマアトの羽根と釣り合えば、故人は来世での永遠の生を約束されるのです。

　審判では、ジャッカルの頭をもつ神アヌビスが天秤を読み取り、ヒヒの姿をした神トートがその結果を記録します。そして、冥界の王オシリスが最終的な判断を下します。オシリスは、白い王冠をかぶり、ミイラの包帯に体を包まれた姿で描かれています。

　ナウニーの心臓は天秤上で釣り合ったため、アヌビスは「彼女の心臓は正しい証人である」とオシリスに告げ、オシリスは

彼女に目と口を与えるよう命じました。これにより、ナウニーは来世での永遠の生を約束されたのです。

　パピルスにはほかにも、ナウニーが神聖なパレットを崇拝したり、ハヤブサの姿をしたホルス神の像を称賛したり、自らの墓の傍らに立つ場面が描かれています。このパピルスは、古代エジプト人の来世観と、死後の審判に対する信仰を如実に物語る貴重な資料となっています。

　『死者の書』については、ノルトライン゠ヴェストファーレン科学・文化アカデミーとボン大学が「古代エジプトの『死者の書』デジタル・テキスト原典アーカイブ」（巻末のURL一覧参照）という素晴らしいオンラインデータベースを公開しています。このデータベースでは、多数の『死者の書』のデータが登録され、どの呪文がどの文献で出てくるか、どの時代・どの地域に多いか、そして、『死者の書』の翻訳など、さまざまな情報を得ることができます。

ヒエラティック

　次に古代エジプト文字の3つのうちの1つであるヒエラティックを見てみましょう。

　ヒエラティックは、プロト・ヒエログリフから発展し、ヒエログリフと並行して使われ始めた筆記用の文字です。この文字体系は、主に右から左へと書かれ、パピルスやオストラカに記されました。ヒエラティックは、ヒエログリフよりも筆記が容易で、日常的な文書作成や宗教的テキスト、行政文書に広く用

いられました。多くの文字がヒエログリフと対応しているものの、完全に一致するわけではなく、より単純化された形をしています。

ヒエラティックのパピルス文献の１つエーベルス・パピルス（ライプツィヒ大学図書館蔵）

　ヒエラティックは、パピルスやオストラカなどにインクを使って書きやすくした文字です。時代や地域によってもかなり形が異なります。この文字の最古級の文献が、紅海沿岸のワーディ・エル＝ジャルフ（ワーディー・アル＝ジャルフ）から2013年に出土しました。そこにはメレルという人物の日誌が書かれており、これは、ピラミッドの建造にかかわった人物として、ピラミッド学で大変重要な文献となりました。
　ヒエラティックは、時代や地域によって様々なスタイルがありました。現在、それらのヒエラティックの字形をデータベース化するAKUプロジェクトが、ドイツのヨハネス・グーテンベルク大学マインツとマインツ科学・文学アカデミー、ドルトムント工科大学を中心に進められており、そのポータルサイト

であるAKU–PAL（巻末のURL一覧参照）では、様々な字形を
閲覧することができます。

AKU-PALにおける🦉（m）に対応するヒエラティックの一子音文字の字
形データの一部（中王国時代第12王朝）

　また、日本の古代エジプト語言語学者の永井正勝氏、デジタ
ル・ヒューマニティーズ研究者の和氣愛仁氏と中村覚氏、アフ
ロ゠アジア諸語学者の髙橋洋成氏による「『ヒエラティック古書
体学』データベース」（巻末のURL一覧参照）もあります。こ
れは、ゲオルク・メラー（第Ⅱ部第6章で紹介）というヒエラ
ティック研究者が著した『Hieratische Paläographie』（1909〜
1936）という過去に出版された文献の高精細画像を切り出し、
デジタル・ヒューマニティーズの世界標準となっているIIIF
（国際的な画像の相互運用の枠組み）やLOD（リンクト・オー
プン・データ）などの規格を用いて、オンラインデータベース
として提供するものです。

ヒエラティックは、宗教的な文脈でよく使われるヒエログリフとは異なり、文学テキスト、裁判記録、日誌、メモ、領収書、などより日常に近い様々なことに使われました。しかしやはり、この文字を書き、理解できた人は、神官や書記をはじめ、上流階級の人など人口の一部だったようです。そのため、この文字は、神官文字と呼ばれます。神官文字は英語のヒエラティックを日本語に翻訳した単語です。英語のヒエラティック（Hieratic）は、ギリシア語のヒエラティコス（ιερατικός：神官の）に由来します。

　中王国時代には、『シヌへの物語』、『雄弁な農夫の物語』、『難破した水夫の物語』など、様々な文学が生まれ、特に『シヌへの物語』は、古代エジプト古典文学として長い間読み継がれ、写されていきました。そのような世俗的な文学のほとんどは、このヒエラティックで書かれています。ヒエログリフが、神殿や墓、王による勅令文書などで用いられて、古代エジプト人の宗教、死生観、そして、王権が発表するオフィシャルなメッセージを知ることができる文字であるのに対して、ヒエラティックでは、当時の人々の日常の暮らし、文学、考え方、そして、裁判や政治の現実を知ることができます。

　ヒエラティックは、ヒエログリフと対応する文字が多いため、ヒエラティックで書かれたテキストは、現代においてはヒエログリフで書き写されて読まれることが多いです。しかしながら、ヒエラティックでしか使われない文字や、複数の文字が合体したようなリガチャー（合字）もあること、さらに、古代エジプトの書記にとって、ヒエラティックの方が、より日常的に使い、

はじめに覚える文字であることから、ヒエラティックで書かれた文献をヒエログリフに直した上で読む、現代のエジプト学の習慣に異を唱える研究者もいます。ただし、ヒエラティックの文字は、ヒエログリフよりも個人差・地域差・時代差が大きく、標準化してUnicodeに登録したり、フォントを作ったりするのが難しいのが現状です。まずは、全ての字体を集めてデータベース化し、そのバリエーションを正しく捉えることが必要なので、前述のAKUプロジェクトは、ヒエラティックをより深く研究する上で大変大切な働きをしているといえるでしょう。

アブノーマル・ヒエラティック（Abnormal Hieratic）

　ヒエラティックには、アブノーマル・ヒエラティックと呼ばれる、元々のヒエラティックから形状や機能などが大きく変化した種類のヒエラティックがあります。この特殊なヒエラティックは，第3中間期の第25王朝（紀元前747年〜紀元前656年）から第26王朝（紀元前664年〜紀元前525年）にかけて上エジプトで使用されました。このアブノーマル・ヒエラティックを読めるのは、世界でも限られた人だけです。オランダのライデン大学のクーン・ドンケル・ヴァン・ヘール氏はアブノーマル・ヒエラティックの世界的な研究者であり、この文字が書かれた資料の研究資源ウェブサイトを運営しています（巻末のURL一覧参照）。

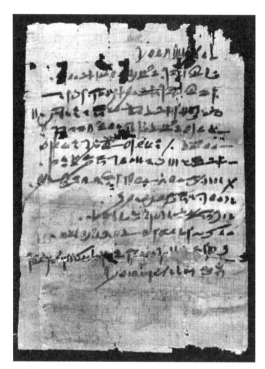

アブノーマル・ヒエラティックのパピルス文書　フランスのルーブル美術館（収蔵番号P. Louvre E 7851）のレクトー（表側）

デモティック

　最後に、古代エジプト文字の3つの主要な文字のあと1つ、デモティックを見てみましょう。

　デモティックは、紀元前8世紀頃にヒエラティックからさらに派生した文字体系です。この文字は、その形式がより単純化

されていることが特徴で、筆記用途だけでなく、碑文にも用いられました。デモティックは「民衆の文字」とも呼ばれ、広く一般の人々に受け入れられ、エジプト末期王朝時代からプトレマイオス時代にかけての公的および私的な文書に頻繁に見られます。この時代のデモティックの文書には、契約、手紙、文学作品が含まれ、エジプトの日常生活の多様な側面を垣間見ることができます。

デモティックのオストラカ文書（メトロポリタン美術館蔵：所蔵番号 21.2.122）

　写真のオストラカ文書は、デモティックで神殿での宣誓が書かれている、紀元前127年のプトレマイオス時代にさかのぼる古代エジプトの遺物です。この遺物は、おそらくエジプト南部の上エジプト地方、ゲベレイン（ギリシア・ローマ時代はクロ

コディロポリスとも呼ばれた）から来たもので、土器片にインクでデモティックが書かれています。サイズは、高さ17cm×幅19.2cm×厚さ１cmです。この遺物は、1921年にロジャーズ基金の支援を受けてメトロポリタン美術館が取得しました。

　ここで改めて３種類の文字を並べてみます。

ヒエログリフ

ヒエラティック

デモティック

　デモティックは、ヒエラティックをさらに簡素化した文字だとわかります。ヒエログリフでは完全にフクロウの姿が表されているのに対して、ヒエラティックは、その大まかな形の名残だけが微妙に見て取れます。しかし、デモティックでは、全くフクロウの要素はなくなり、ただ、カーブした線になっているのみです。このように、画数などを減らし、書きやすくすることで、デモティックは、広く民衆にも普及しました。そのため、ギリシア人はこの文字をデーモティコス（δημοτικός；民衆の〈文字〉）と呼びました。
　アレクサンドロス大王の遠征ののち、ギリシア人が支配することになったプトレマイオス朝、さらにローマ人が支配することになったエジプトでは、勅令などのおふれを出す際に、ヒエ

ログリフとギリシア語とともにデモティックでそのおふれを出
すことが多かったようです。一番有名な例は、ヒエログリフ、
デモティック、ギリシア文字の 3 文字併記で書かれたロゼッ
タ・ストーン（第 II 部第 4 章で紹介）です。ヒエログリフとデ
モティックの部分は同じではなく、ヒエログリフの部分は、古
代エジプトの古典語の中エジプト語が使われていたのに対し、
デモティックの部分は、その当時のエジプトの民衆が使ってい
た口語に近い、デモティック語が書かれていました。そのため、
ロゼッタ・ストーンは、3 言語併記であり、3 文字併記でもあ
るのです。

　デモティックは、ヒエラティックと比べて、画数が極端に減
り、さらに、合字も増しました。ヒエラテイックは基本的にイ
ンクで書かれましたが、デモティックはインクでも書かれるの
に加えて、ロゼッタ・ストーンのように石に刻まれることもあ
りました。デモティックは、物語、勅令、裁判記録、メモ、レ
シートなど、ヒエログリフの領域の一部とヒエラティックの領
域を双方カバーし、大変広い領域で使用されました。汎用性の
高いデモティックは紀元前 8 世紀頃から使われ始め、紀元後 5
世紀まで使われました。

　デモティックの古書体学的データベースとしてはハイデルベ
ルク大学のデモティック古書体学データベース・プロジェクト
（DPDP）があります（巻末のURL一覧参照）。2024 年 3 月時点
で、一部のデータしか公開されていませんが、地域別時代別の
かなり異なるデモティックの字体を閲覧したり、コーパス検索
することができ、大変便利です。

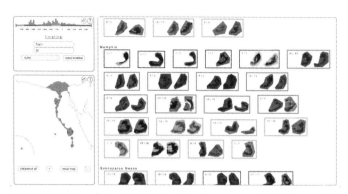

DPDPにおける、 🦉（m）に対応するデモティックの一子音文字の、地域別・時代別の字形データの一部

第 2 章

ヒエログリフの文字体系

　第1章では、古代エジプト文字について主に3つの文字（ヒエログリフ、ヒエラティク、デモティック）があることを紹介しましたが、この章ではさらに詳しく、どんな仕組みなのかについて紹介します。古代エジプト文字は、表音文字、表語文字、限定符の3種の要素から構成されます。この複雑なシステムを知ることで、古代エジプトの言語と文化の魅力的な一面が見えてきます。

表音文字（phonogram）

　表音文字は名前の通り音を表す文字で、言葉を読み書きする際に、音声の再現を可能にする重要な役割を果たします。日本語のひらがなやカタカナ、英語のアルファベットと同様に、言葉の発音を文字によって表現します。ヒエログリフにおける表音文字は主に子音を表し、母音を省略して子音の組み合わせによって単語の音を構成することで、言葉を記録するシステムです。これは日本語や英語とは異なる特徴です。この子音主体の表記法は、ヒエログリフの読み解きを難解なものにしていますが、同時に古代エジプトの言語学における興味深い研究対象ともなっています。

３種類の表音文字

　表音文字には大きく分けて３種類が存在します。それは、一子音文字、二子音文字、三子音文字です。これらはそれぞれ、１つ、２つ、３つの子音を表す文字で、言葉の音声をより正確に記述するために使われます。

●一子音文字
　　例： 𓅓 = m、◝ = r、𓎛 = ḥ
●二子音文字
　　例： 𓎔 = ḥm、𓌻 = mr
●三子音文字
　　例： 𓄤 = nfr

　このようにヒエログリフの大部分は子音しか表さない表音文字です。ですから、子音の間の母音が何であるかは基本的にはわかりません。一応、プトレマイオス：Ptolemaiosの最初のoを表す文字もありましたが、これは借用語などで母音の発音が推定しにくい場合に、半母音や喉音を用いて母音を表記する方法です。基本的に子音しか書かれず、半母音や喉音で母音を補助的に表すタイプの文字は、ほかにヘブライ文字やアラビア文字など中東に多くあります。

　元々は象っているものを表していた表語文字だったのですが、最終的にその語の子音だけを借りて、表音文字になりました。この変化は楔形文字でも起こっていて、リーバス法（頭音法）と呼ばれています。

　一子音文字は、古代エジプト文字における基本的な表音単位であり、「古代エジプト文字のアルファベット」とも称されます。古代エジプトの書記法において中心的な役割を果たした一子音文字は、言語の音声構造を理解する上で不可欠な要素です。

これらの文字は、単一の子音を表すことに特化していました。例えば、記号「▢」は子音「p」を、「⌒」は「t」を、「▭」は「m」を、「〳」は「i」（iは、jとも書かれ、母音ではなく子音を表します。学派や研究者によって転写方法が異なります）を、「〴〴」は「s」をそれぞれ象徴しています。これら一子音文字は、古代エジプトの文学、宗教文書、行政文書など、多岐にわたる文書で広く使用されていました。

　これらの文字で特に注意すべきなのは、アイン（ꜥ）、アレフ（ꜣ）、ヨッド（i）、そしてアルファベットに下点や下線などのダイアクリティカルマークが施されたラテン文字で転写（伝統的なエジプト学

ヒエログリフ	転写
	ꜣ
	i
	y
	ï
	ꜥ
	w
	b
	p
	f
	m
	n
	r
	h
	ḥ
	ḫ
	ẖ
	z
	s
	š
	q
	k
	g
	t
	ṯ
	d
	ḏ

2023年8月の国際エジプト学会で決められたライデン統一音写法による一子音文字の一覧

では「翻字」と呼ばれます）される子音です。

　一方、二子音文字は、2つの子音を1つの単位として表す文字です。これらは、2つの子音が決まった順序で組み合わされ、その間に母音が挿入される場合があることを特徴とします。二子音文字は、言語の表現力を高めるために開発され、より複雑な音声や単語を記述するのに役立ちました。これによって、古代エジプト語はより豊かな表現が可能となり、高度な文学的、宗教的概念の伝達に寄与しました。

　二子音文字の一例として、「⌒」は「ir」という2つの子音を表し、「▭」は「mn」という2つの子音を表します。これらの文字は、古代エジプト語において特定の単語や概念を表現する際に使用されました。二子音文字によって、より複雑な音声や単語を効率的に記述することが可能になったのです。

　そして、三子音文字は、3つの子音を固定した順序で表現する文字です。例えば、「𓄤」は「nfr」という3つの子音を表します。このような三子音文字は、古代エジプト語の中でも特に複雑な音声や概念を表現するために用いられ、言語の表現の幅を一層広げました。

　二子音文字と三子音文字の存在は、古代エジプト語の表記システムの複雑さを示しています。これらの文字の間あるいは前後にはどんな母音も入れることができます。しかし、それらの母音は書かれていません。ただ、これらの文字を用いて、古代エジプト人は自らの言語をより精密に記述し、後世にその知識と文化を伝えることができました。

　表音文字は、現代も古代エジプト語の研究において重要な位

置を占め、言語学者や考古学者が古代エジプトの文化や歴史を
解明するための鍵となっています。

母音の扱い

　アメンヘテプなのかアメンホテプなのか、アクエンアテンな
のかイクナートンなのか…。実はこれらはそれぞれ同じ名前な
のですが、日本語でも、また英語などほかの言語でもいくつか
の読み方があります。これはコプト語以外、古代エジプト語の
母音がよくわかっていないためです。

　古代エジプト文字における母音の扱いは、言語学的研究にお
いて特に興味深いトピックの1つです。古代エジプト語の文字
システムは、母音文字をはっきりわかるかたちでもち合わせて
いないため、母音は通常、子音文字が表す子音の間や前後に暗
黙のうちに挿入されるかたちで表現されます。この特性は、コ
プト語以前のエジプト語において、母音の正確な発音を今日再
現することを困難にしています。

　コプト語以前のエジプト語における母音の実際の音声は、現
代においてもほとんどわかっていません。そのため、エジプト
語の発音を理解して再構築する作業が必要とされています。こ
の再構築作業、特に不明な母音を明らかにする試みは「母音再
建（直訳：母音化〈vocalization〉」と呼ばれています。母音再
建の過程では、母音文字をもつコプト文字の知識や、エジプト
語からの借用語、固有名詞が記された楔形文字文献などが重要
な手がかりとなります。これらの情報源をもとに、古代エジプ
ト語の母音体系に関する洞察を得ることが可能になります。

基本的にヒエログリフは子音しか書かないので、ヒエログリフが表している語の母音をコプト語から再建します。例えば、「私」を表すiとnとkの語は、コプト語のanak（「私」）から Ɂanakと再建され、さらに古い時代ではjanakと再建されます。

サイード方言などで　ファイユーム方言などで
ⲀⲚⲞⲔ　　　ⲀⲚⲀⲔ　　　　　→
anok　　　　*anak*

音声転写　*ink* (母音字なし)

再建音　/janak/ → /Ɂanak/

コプト語によるヒエログリフの古代エジプト語の母音の再建

　なお、エジプト学者たちは、エジプト語をより読みやすくするために、特定の子音を母音として読んだり、子音の連続の間に母音eを挿入するなどの方法を用います。しかし、このような読み方は、あくまで人工的かつ慣用的なものであり、それが古代エジプトで実際に発音されていた音声とは異なっている可能性が高い点には注意が必要です。古代エジプト語の発音を正確に理解し再現することは、言語学的な挑戦といえます。

　母音再建の作業は、古代エジプト語の音声学的な研究において中心的な位置づけにあります。このプロセスを通じて、エジプト学者たちは古代エジプト語の音声体系に関するより深い理解を目指し、実際の発音やその変化を明らかにしようとしています。古代エジプト文明の言語的側面を探究する取り組みは現在も続いています。

人工的な母音の挿入

　コプト語からの音の再建も完璧ではない中で、学者はどう
やってエジプト語の単語の発音を決めているのでしょうか。例
えば、は、有名なファラオの名前ですが、
子音しか書かれていないので、このまま転写すると、twt ꜥnḫ
imnのようになります。これを学者たちがルールに則って読む
と、トゥト・アンク・アメンという読み方になります。以下で
は、より詳しいルールを見ていきましょう。

　ヒエログリフの子音転写における学者たちの慣例的な読み方
は、古代エジプト語のテキストを現代人が読みやすくするため
に開発されたルールです。これらのルールは、ヒエログリフで
書かれた子音だけの古代エジプト語に、母音を入れて現代人に
とって発音しやすくすることを目的としています。注意すべき
は、この母音が人工的なものであり、当時の古代エジプト人が
使っていた発音とは異なることです。以下は、その主なルール
を簡単に説明したものです。

母音挿入ルール

1．**喉音の読み替え**：声門閉鎖音（「あっあー」と発音した時
　　の「っ」にあたる音。「ʔ」の字で表される）や有声咽頭摩
　　擦音（喉の奥を狭くして、強く力を入れた「あ゙」のよう
　　な音。「ʕ」の字で表される）などの喉音を音価にもつとさ
　　れるꜣとꜥは「a」と読み替える。

　　※これらの記号は古代エジプト語の特有の喉音を示しますが、読み

替える時にはより読みやすい「a」として表記されます。

2. **特定の子音の読み替え**：英国式 i、大陸式 j、および y は、「i」と読み替える。また、w は「u」と読み替える。
ただし、語頭に限り、j / i は「a」と読み替えることが多い。

> ※語頭にある i あるいは j は、語頭以外とは異なり、「a」として読み替えられます。ただし、慣例的に wnis がウナスと読まれるなど、語中で「a」になることや、iꜣḥ-ms がイアフメスとなるなど、語頭でも「i」で読まれることもあります。

3. **子音の間に母音「e」を入れる**：古代エジプト語のヒエログリフは主に子音で構成されているため、読みやすくするために、子音の間に母音「e」を挿入して読みます。

> ※ꜥnḫ が anekh（アネク）ではなく、ankh（アンク）のように、慣例的に、「e」を入れない語彙もいくつかあります。

これらのルールを適用した実例を見てみましょう。

例 1

twt-ꜥnḫ-imn → tut ankh amen → トゥト・アンク・アメン → ツタンカーメン

ここでは、喉音 ꜥ を a と読み、i を i として転写し、子音の間に

はeを挿入しています。しかし、anekhとならないのは、「♀」
がankh（「生命」）で定着しているからです。

　なお、ヒエログリフの方では、imn-twt-ꜥnḫ という順番です
が、最初のimnはアメン神を表しています。imnは「アメン神」、
twtは「似姿」、ꜥnḫは「生きている」あるいは「生命」という
意味です。エジプト語は後ろから前に修飾していくので、この
ままの順番だと、「生ける似姿のアメン神」というよくわから
ない意味になります。でも、「アメン神の生ける似姿」なら、
どうでしょう？　この場合は、ある程度意味がわかりますよね。
古代エジプト文字では、神様の名前など、尊敬の対象となって
いる単語は、文法を無視して前の方に書かれるという習慣があ
りました。これを尊敬の倒置といいます。このツタンカーメン
の王名も、尊敬の対象のアメン神を表す単語が、文法的には、
名前の最後にあるはずが、文字では一番前に書かれました。な
ので、このヒエログリフは、一番前に書かれているimnを一番
後ろで読んで、twt-ꜥnḫ-imn「アメン神の生ける似姿」と読み
ます。

　そして、エジプト学者がこれを発音する時、このままだと子
音だけで発音できないので、まずꜥをaに置き換え、twt-anḫ-
imnとなり、wをu、語頭のiをaで置き換えて、tut-anḫ-amnと
なり、さらにamnの子音連続mnの間にeを入れて、tut-anḫ-
amenになります。anḫにもnḫという子音連続はありますが、こ
れは慣用的に母音を入れません。tut-anḫ-amenのḫは、英語で
は打ちにくいため、khに置き換えると、tut-ankh-amenになり、
ここでカタカナ化すると、ようやくトゥト・アンク・アメンと

聞き慣れた名前になります。このトゥは一昔前の日本語ではツと書かれ、tut-ankh-amenを単語で区切らずに一息で読めば、tutankhamenとなり、それをカタカナ化すれば、ついに私たちが一番よく知っているツタンカーメンという名前になります。

例2

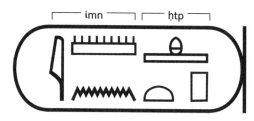

imn-ḥtp → amn-ḥtp → amen-ḥetep → amen-ḥetep → アメン・ヘテプ

ḥtpは「満足している」という意味です。全体では、「アメン神は満足している」という意味で、この場合は尊敬の倒置は必要ありません。語頭のiはaと読み替えられ、ほかのルールも適用されています。

多様な読み方

ここまで紹介した転写ルールを通じて、古代エジプト語のヒエログリフを現代の言語で読むことが可能になります。これにより、古代エジプトの文化や歴史を学ぶ際に、テキストへよりアクセスしやすくなります。

古代エジプトの神話や宗教において重要な役割を果たす神々の名前は、その書き表された文字と音声において多様な読み方

が存在します。この多様性は、古代エジプト語からコプト語、さらにはギリシア語へと伝わる過程での言語的変化によるものです。特に興味深い例として、「𓊨𓁹」（wsir）と「𓇋𓏠𓈖」（imn）の二柱の神の名前が挙げられます。

　まず、「𓊨𓁹」は、伝統的な子音転写では「wsir」と表記され、エジプト学者による読み方では「usir」（ウシル）となります（「ꜣsir」〈アシル〉と読む説もあります）。しかし、コプト語では「ⲟⲩⲥⲓⲣⲉ」（usire：ウシレ）あるいは「ⲟⲩⲥⲓⲣⲓ」（usiri：ウシリ）として表現されます。さらに、この名前はギリシア語では「Ὄσιρις」（Osiris：オシリス）と読まれ、一般にはこの呼び方がよく知られています。この例からは、古代エジプト語の発音からコプト語、ギリシア語へと変化していく過程で、母音の挿入や発音の変化が見られることがわかります。特に、コプト語やギリシア語における発音は、古代エジプト語の実際の発音をより正確に反映している可能性があり、言語学者やエジプト学者にとって重要な手がかりとなります。

　次に、「𓇋𓏠𓈖」（imn）について見てみましょう。エジプト学者による読み方では「amen」（アメン）となりますが、コプト語では「ⲁⲙⲟⲩⲛ」（amun：アムン）と表記されます。また、ギリシア語では「Ἀμοῦν」（Amūn：アムーン）となります。この例でも、古代エジプト語からコプト語、ギリシア語への移行を通じて、発音や表記の変化が見られます。古代エジプト語における母音の存在や発音を正確に再建することは困難ですが、コプト語やギリシア語に見られる発音の形跡を手がかりに、より正確な古代エジプト語の発音に迫ることが可能となるのです。

このような言語の変遷を追う作業は、古代エジプトの文化や宗教が時間を超えてどのように伝播し、変化していったかを探る上でも非常に重要です。特に、神々の名前が異なる言語や文化圏でどのように解釈され、どのようなかたちで保存されてきたかを理解することは、古代から現代に至るまでの人類の信仰や思想の連続性を探る手がかりとなります。

　古代エジプトの神話や宗教が、のちの時代の文化や宗教に与えた影響は計り知れず、特にギリシアやローマなどにおいては、エジプトの神々が新たなかたちで受容され、独自の神話や信仰体系に組み込まれていったことが知られています。そして、さらに異なる時代や地域の人々にも影響を及ぼしていきました。今日に生きる私たちも、これらの神々の名前を通じて歴史をさかのぼることができ、古代エジプト人がどのように自然界や世界を認識して、その理解を言葉に表現してきたかを知ることができます。そして、それは私たち自身の世界観や価値観を再考するきっかけともなり得るのです。

リーバス法

　表音文字の起源は、古代の文字体系においてまず先に生まれていた表語文字（意味と音をもつ）が新たな役割を担うようになったことに起因していると考えられています。この過程では、表語文字の一部がその元々の意味を離れ、音声だけを借りて全く異なる単語や概念を表現するために使用されるようになりました。このような使用法を「判じ絵（リーバス：rebus）法」と呼びます。例えば、現代のわたしたちが🐜🦋🗼（蟻・蛾・塔）

という絵文字の組み合わせを「ありがとう」という意味でやり取りすることがあるように、見た目とは異なる意味を音によって伝えるのです。この方法は、言葉の音声を視覚的に表現する独創的な手法として用いられました。

リーバス法は、言葉を音のレベルで捉え直し、文字を単なる意味の象徴ではなく、音声の表現手段としても機能させるようになった重要な変化を示しています。この方法によって、言語の音声を直接的に記録することが可能となり、表音文字の使用が広がるきっかけとなりました。

古代エジプト文字におけるリーバス法の具体的な使用法とその発展過程については、まだ多くの点が謎に包まれています。古代エジプトの書記たちは、ヒエログリフの複雑な言語体系を構築していったのですが、表音文字がどのようにして発達し、広く用いられるようになったのか、その過程は詳細には解明されていません。しかし、表語文字から音声だけを借りるリーバス法の発明は、言語を記録する方法としての革新をもたらし、のちの文字体系の発展に大きな影響を与えました。

リーバス法の使用は、文字と言語の関係を改めて考えさせるものであり、文字が単に意味を伝えるだけでなく、音声を表現するための手段としても機能することを示しています。この発見は、古代から現代に至る文字体系の理解を深める上で重要な示唆を与えてくれています。また、古代エジプトの書記たちがどのようにして言語の音声を文字に落とし込み、複雑な表現を可能にしたのかについては、さらなる研究の余地があります。

表音文字の発明は、人類が言語を記録し、伝達する方法を進

化させた歴史的な歩みを示しています。リーバス法を含む表音文字の発展は、文字がもつ可能性を大きく広げ、言語の記録と伝達に新たな次元をもたらしました。古代エジプト文字の研究を通じて、私たちは言語と文字の関係、そして人間のコミュニケーションの基本的な側面について、より深い理解を得ることができるのです。

音声補充符（phonetic complement）

　三子音文字や二子音文字といった表音文字は、単一の文字で複数の子音を表現しますが、これらの文字の発音を補助するために、一子音文字が音声補充符として用いられることがあります。音声補充符は、表音文字の音価を明確にするために後ろに追加されることが多く、文字がもつ音声情報をより正確に伝えるための手段として機能します。

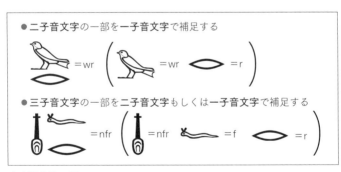

音声補充符の例

　例えば、図の上段の例ではwrという二子音文字の最後の子

音の読み方を表すために一子音文字のrを付しています。下段の例では、nfrという三子音文字の読み方を示すために一子音文字のfとrが追加して書かれています。

　これらの例のように、音声補充符は、複数の子音をもつ文字の一部もしくは全体の読み方を一子音文字や二子音文字で書いて補い、読み方のヒントを表示する方法です。日本語のルビや送り仮名も漢字の読み方を補足するためにその発音のヒントとして添えられているという点で類似性があります。

　ただし、古代エジプト文字の音声補充符は、特にヒエログリフの場合に顕著ですが、スペースがたくさんできてみっともない場合にその隙間を埋めたり、刻文のプロポーションやバランスへの配慮から付されたりするなど、装飾的な側面もかなりあります。

表語文字（logogram）

　さて、ヒエログリフには表音文字が多いことは紹介しましたが、1文字で音と意味を表す表語文字もあります。リーバス法の節でも触れましたが、生まれた順としては表音文字より表語文字の方が先だったと考えられています。表語文字は、基本的にその文字が象ったものを表す文字ですが、次に紹介するメトニミー的な表語文字や象ったイメージとはあまり関係のない表語文字などもあります。

　表語文字とは、1つの文字が1つの語や概念を表現する文字体系のことを指します。この種の文字は、それが象っている物

や概念を直接的に表現することが多く、その象徴性から言語を視覚的に表現する手段として古代から用いられてきました。例えば、△という表語文字はmr（「ピラミッド」）という語を表しますが、その形状や意味を一目で理解することができます。この表語文字による表記法は、ヒエログリフがもつ象徴的な美しさを感じさせるとともに、直感的な理解を可能にしています。

メトニミー的な用法

しかし、表語文字が常に象った対象そのままを示すわけではない点が特筆すべきです。例えば、╕という文字は、nt̠r、すなわち、古代エジプト語の「神」を表す語として用いられましたが、この文字は、「護符」という説もありますが、通常、神殿の前に立てられた「竿と旗」を象徴するとされています。これは、旗が神殿を示し、神殿が神を象徴するという関係を通じて、メトニミー（換喩）的に神を表現している例です。メトニミー的な表現をもっと身近な例でいうと、例えばわたしたちが料理としての「鍋」と言うときに、鍋そのものではなく、中身の料理を指しているというようなことが挙げられます。このように、表語文字はより抽象的な関連性を通じて意味をもつことがあるのです。

　表語文字の応用的な使用は、古代エジプト語のような言語の記録において、言葉の意味や音声を効果的に伝達するための独創的な方法であったといえます。表語文字と表音文字の組み合わせにより、古代の書記たちは複雑な言語体系を記録し、後世に伝えることができたのです。

表音文字的な用法

　古代エジプトの表語文字は、それぞれが特定の物体や概念を表す役割をもちながら、同時に言語の音声的側面を表現する手段としても機能していました。例えば、アメン神を表す 𓇋𓏠𓈖 という文字列は「imn」と読まれ、右下に位置する 𓈖（n）は右上にある 𓏠（mn）の最後の子音を強調しています。これは表音文字の音声補充符として紹介しましたが、実は 𓈖 は表語文字でもあり、「水面のさざなみ」を象っている文字です。ただ、ここでは音声としての側面のみで活用されているのです。

　音声補充符の使用は、コプト語やギリシア語、さらには楔形文字文献に見られるエジプト語の借用語を分析することにより、表語文字が表す子音の音価を特定する重要な手がかりを提供しています。たとえば、𓁟という表語文字は知恵と魔法の神「トト神」を表しますが、この文字は5つの子音「ḏḥwtyï」を含んでいます。この神はコプト語では「ⲑⲱⲑ」（tʰōtʰ）として、またギリシア語では「Θωθ」（tʰōtʰ）として表され、これらの言語資料を通じて古代エジプト語の発音を再構成することが可能になります。

表音文字としても表語文字としても機能する文字

　表音文字が、表語文字として用いられる場合もあります。例えば、腕を象っている 𓂝 という文字は、通常は「ꜥ（アイン）」と呼ばれる特有の子音を表す表音文字として用いられることが多いのですが、「｜」という文字が付いた場合は表語文字として機能し、象っている形の通り「腕」を表す文字となります。

「｜」は、ここでは前の文字が表語文字であることを表す限定符として機能しています。表語文字の場合、のように書かれることが多いです。

　このように表音文字が表語文字として使われるパターンも見られ、場合によってその文字の機能が変化するという特徴があることもヒエログリフの解読を困難にした大きな要因といえるでしょう。

表語文字の多面性の例

　ヒエログリフの魅力と複雑性は、その独特な文字体系にあります。この体系は、単なる記号の集まりではなく、深い歴史と文化を反映したものです。日本では「ラメセス」として知られている王名「rꜥ ms(ï) s(w)」を例に、ヒエログリフの具体的な読み方を見ていきましょう。この王名は1つのフレーズになっていて、「ラーは彼を産んだ者である」と解釈されます。ここで使われる文字「⊙」は太陽を象徴し、「𓅓」は産むという行為を示します。これらの記号は、ヒエログリフがもつ表音文字と表語文字の双方の特性を見事に示しています。

rꜥ ms(ï) s(w) → 「ラーは彼を産んだ者である」

表語文字

　　⊙ = rꜥ = 太陽（太陽神ラー）

表音文字

　一子音文字

　𓊃 = s

　二子音文字

　𓄟 = ms

　⊙は、太陽そのものを象った表語文字で、意味も太陽です。そして、この文字は「rꜥ（ラー）」という音をもっています。よって⊙＝rꜥ＝「太陽」となります。このように音と意味両方をもつ文字になっているのが表語文字です。𓊃は「s」の音をもつ一子音文字です。ここでは、𓊃が2つ並んでおり、その1つ目の𓊃（s）は、その前の表語文字（ms「産む」）の「s」を補足する音声補充符として機能しています。2つ目の𓊃（s）は、接語代名詞と呼ばれる目的語を表す3人称単数男性形、すなわち「彼を」という意味になる「sw」を表す意図で書かれていますが、ここでは、「sw」の「w」が書かれずに省略されています。ここで、少し文法的なことに触れると、古代エジプト語では、A＝Bのときに「AはBだ」の「だ」を言わなくても大丈夫です。また、この文脈でのmsは実際には、英語の-ingのような分詞として解釈されます。そのままだと「産んでいる者」という表現になるため、ここでは完了分詞男性単数形の印である（ï）を補います。よって、それぞれ rꜥ は「ラー（太陽）」、ms(ï)は「産んだ者」、s(w)は「彼を」という単語であることがわかります。

このようにして、rꜥ ms(i) s(w)は「ラーは彼を産んだ者である」という意味だと導き出します。

限定符（determinative；決定符、決定詞とも）

　そして最後に、音をもたず意味だけを表す文字を紹介します。これまで何度か出てきている限定符と言われる文字です。これは語の最後に置かれ、その語のカテゴリーを決定・限定する文字です。この文字は音の情報を含まないため、純粋に意味を表す文字、表意文字です。語のカテゴリーを表すということで、漢字の部首や楔形文字の限定符と類似しています。

　限定符は、表音文字や表語文字と組み合わされて使用されることが多く、単語の意味を明確にするために用いられます。これは、同じ音をもつ単語が複数存在する場合に、それぞれの単語を区別するための重要な役割を果たしています。

　限定符は、漢字の部首のようなものですが、部首とは異なり１文字で、語のカテゴリーを明確にする役割をもちます。音の情報を含まないこれらの記号は、純粋に意味を伝えるためのものです。語の最後に置かれることで、その語が属するカテゴリーを限定し、単語の意味をより明確にするのです。この機能により、子音しか書かれずどうしても同子音異義語が多くなってしまうヒエログリフのテキストにおいて、単語の判別が容易になります。

swr「飲む」

　例として、上図の「swr」という単語を挙げることができま
す。これは「飲む」という意味の単語で、∥は「s」という音を
表す一子音文字、🐦は「wr」という音を表す二子音文字、◡
は「r」という音を表す一子音文字であり、ここでは「wr」の
「r」の音を補う音声補充符の役割を果たしています。そして、
この単語の最後に配置される限定符は、主に口に関する動作、
つまり「飲む」や「言う」などを象徴しています。

　このように、限定符は単語の意味をより正確に伝えるために
使われました。文字が表音文字・表語文字・限定符と複数の役
割をもつこともあり、どのような機能を果たす文字なのかは、
文法や文脈を慎重に分析して判断される必要があります。

　限定符の使用は、古代エジプト語の表記システムの複雑さと
独創性を示しています。表音文字だけでなく、表語文字や限定
符を組み合わせることで、単語がもつ特定の意味やカテゴリー
を明確にし、より精密なコミュニケーションを可能としたので
す。

読字方向

　ここまで、古代エジプト文字の3種類について見てきました
が、ヒエログリフには読む方向があることを紹介します。ヒエ
ログリフの読み順は、左から右、右から左、そして上から下の
3種類があります。また、上から下に書いた場合、列が左から
右に書かれる場合と、右から左に書かれる場合の両方がありま
す。読む順番は、人物や動物を象った顔の方向と逆の方向から
読んでいきます。

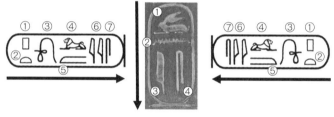

読字方向

　例えば、上の図の左の例では、ライオンが左を向いているの
で左から右に読みます。中央の例ではウサギが左を向いている
ので、文字が水平方向に並べられた箇所は左から右に読みます。
それに対して、右の例では、ライオンが右を向いているので、
右から左に読みます。

　このようにヒエログリフの読む順番には決まりがありますが、
どの方向に書くかは自由度が高いです。そして、スペースがあ
れば、詰めて書かれるのが特徴です。横書きで、背が低い文字

が続いた場合、例えば、左の例の④と⑤の例などでは、それらの文字は縦に重ねられます。①と②もそうですね。

　なお、どうしてこのような自由な書かれ方、読み方となっているのかについては、明確な答えが出されていないのが現状です。

ヒエログリフの体系のまとめ

　ヒエログリフの文字体系を理解するには、ここまで見てきた様々な特徴を押さえることが重要です。ヒエログリフは表音文字と表語文字の組み合わせにより、音と意味の両方を伝える機能をもち、限定符を用いてさらにその意味を具体化する方法を備えています。この独特のシステムを解き明かすことは、古代エジプト人が世界をどのように認識し、表現したかを理解する鍵となります。ヒエログリフは現代においても引き続き研究されており、古代エジプト文化の深い理解につながる重要な手がかりであり続けています。

　以下、改めてヒエログリフの文字体系をまとめます。みてきた通り、ヒエログリフには３種類の文字、音を表す表音文字、音と意味を両方備えて１字で単語を表す表語文字、語の意味的カテゴリーを表す限定符の３つがあり、これらを組み合わせて書かれます。そして、この３種類の文字で構成されている点は、ほかの古代エジプト文字、ヒエラティックとデモティックにも共通しています。

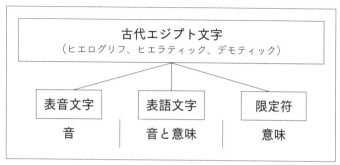

古代エジプト文字の3種類の要素

　また、母音が表記されない文字体系であるため、現代はコプト語などを元に母音を便宜的に再建して読むスタイルが一般的になっていることも紹介しました。

　文字の用法として、漢字の当て字のような使い方をされている場合もあること、ルビや送り仮名などのような音声補充符というシステムがあること、表語文字を音声的な側面だけで活用したり、複数の機能をもたせて活用したりしていることなども述べてきました。

　そのほか、神や王など尊敬の対象となる語については、文法を無視して、前に置かれる「尊敬の倒置」がありました。

　最後に、読み方の方向についてのルールも簡単に紹介しましたが、それらのほかにも細かい読み方の規則があったり、宗教文書では読字方向が特殊だったりと、ヒエログリフを読むために押さえておくべきポイントはいくつもあります。

　文字もたくさん記憶しないといけませんが、その点の紹介はほかの本にゆずり、本書では基本的な解説に留めたいと思います。

第 3 章

古代エジプトの文字と言語の歴史

　本章では、ヒエログリフなどの文字を用いていたエジプト語の歴史について紹介します。

　そもそも、現在のエジプトでは公用語がアラビア語となって久しく、エジプト語を母語として話す人は17世紀になってほぼいなくなりました。コプト正教会などの典礼言語としては、現在も使用されていますが、消滅の危機に瀕した言語となっています。なお、3世紀以降、エジプト語はコプト文字で書かれるようになりましたので、コプト語とも呼ばれています。

　紀元前4千年紀のプロト・ヒエログリフから現代のコプト語まで、世界最長の書記記録期間をもつといわれるエジプト語の長い歴史を見ていきましょう。

文字以前のエジプト語

　ヒエログリフによって記述された古代の言語、エジプト語は、元をたどれば、アフロ＝アジア語族に属するエジプト諸語の一部です。語族とは同じ祖語から派生した諸言語の集合体を意味します。例えば、英語やロシア語、ヒンディー語、ペルシア語、ヒッタイト語、フランス語などは、共通の起源であるインド＝ヨーロッパ祖語をもつインド＝ヨーロッパ語族に分類されます。同様に、アフロ＝アジア語族には、エジプト諸語（エジプト

語）、セム諸語（アラビア語やヘブライ語など）、クシ諸語（ソマリ語やオロモ語など）、オモ諸語（ウォライタ語など）、ベルベル諸語（シルハ語やトゥアレグ語など）、チャド諸語（ハウサ語など）といった複数の諸語が存在します。そして、エジプト語を含むアフロ＝アジア語族の全ての言語が、アフロ＝アジア祖語という共通の祖先の言語をもちます。

アフロ＝アジア語族

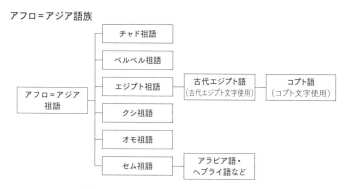

アフロ＝アジア語族のうちのエジプト語の位置を簡略的に表した図

　これらの諸語のうちの多くは、アフロ＝アジア語族特有の言語的特徴、すなわち複数の子音からなる語根のテンプレートに母音や接尾辞、接頭辞、接中辞などの決まった組み合わせを挿入して語形変化（屈折・活用・派生）させる言語構造や、名詞に男性と女性の区別があることを共有しています。同じアフロ＝アジア語族に属するアラビア語は、この複雑な言語構造をもつ言語として代表的です。例えば、アラビア語では、k、t、bという３つの子音を語根に、「書くこと」に関連する語が形成

されます。katabaとなれば「彼は書いた」、katabtuとなれば「私は書いた」、yiktubとなれば「彼は書く」、aktubとなれば「私は書く」、kitaabunとなれば「（単数の）本が」、kitaabanとなれば「（単数の）本を」、kutubunとなれば「（複数の）本が」、kutubanとなれば「（複数の）本を」、maktabaとなれば「図書館」など、kとtとbの間の母音や接頭辞や接尾辞を変えていくことによって、語根から様々な語を作り出すことができるのです。この特徴は、特にセム諸語、ベルベル諸語、エジプト諸語に顕著に見られます。これらの共通した特徴を手がかりに、言語間の類似点や相違点を比較することで、それぞれの言語がどのように発展し、変化してきたのかを追跡する研究がなされてきました。

　アフロ＝アジア語族の発祥地、すなわち故地（Urheimat）については、エチオピア、エジプト、スーダン、レバント地方など様々な地域が提案されていますが、言語学者の間で統一された見解には至っていません。比較言語学という学問の手法を用いることで、これらの諸言語がどのように分岐していったかを探ることが可能になり、エジプト語がセム諸語、オモ諸語、クシ諸語、ベルベル諸語、チャド諸語といった西アジアや北アフリカの様々な言語と共通したアフロ＝アジア祖語という祖先をもっていることが明らかになっています。

　このアフロ＝アジア祖語は一説には、エチオピア高原で1万年以上前に話され、そのうち紀元前7500年前までにエジプト南部に移った集団から、ベルベル祖語、セム祖語、そしてエジプト祖語が分岐し、このエジプト祖語がのちにエジプト文字で

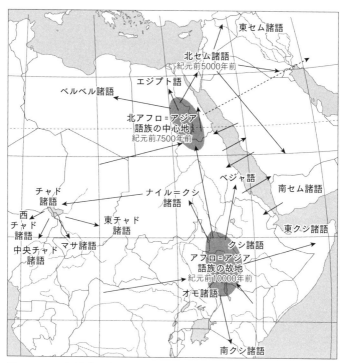

アフロ＝アジア語族の故地　ロジャー・ブレンチの2006年の説に基づく

書かれてエジプト語となったとされています。しかしながら、
アフロ＝アジア祖語の故地を西アジアにするなど様々な説が存
在します。

　エジプト語は、古代エジプト文明の言語表現の主要な手段と
してヒエログリフによって石碑や壁画、パピルスに記され、そ
の後デモティックやコプト語へと発展しました。

　エジプト語とアフロ＝アジア語族の関係を理解することは、

この言語族がもつ広範な地理的分布と多様性、そして古代から現代に至るまでの長い歴史に光を当てることにつながります。結果的にエジプト語の研究を通して、アフロ＝アジア語族という広い枠組みについても様々な知見が得られる側面があるのです。

古代エジプト文字の起源　プロト・ヒエログリフ

　エジプト文字体系の中で最も初期の形態とされているプロト・ヒエログリフが用いられた時期は、紀元前33世紀頃にまでさかのぼることができます。これらは主に象形文字であり、具体的な物体や概念を表すために使われたと思われます。しかし、これらの文字を使った文レベルのテキストは発見されておらず、主に個々の単語や名前、単純なメッセージを伝えるために使用されたと考えられています。この時期の文字は、のちのヒエログリフやヒエラティックへと発展する基礎となりましたが、多くの記号は試行錯誤の段階にあり、その後は使われなくなったものも少なくありません。

　エジプトのアビュドス（p.3地図参照）遺跡にあるウンム・エル＝カアーブ（Umm el-Qaʻāb/ウンム・アル＝カアーブ；ガアーブとも）という場所では、古代エジプト文字の黎明期の証拠となる非常に重要な発見がありました。アビュドスは古代エジプトにおいてオシリス神の聖地として知られ、多くの信仰を集めていました。この地は、のちにオシリス神の墓所と考えられるようになった初期王朝時代の墓が非常に多く存在すること

アビュドスU-j墓で見つかった象牙製のタグ（紀元前34～紀元前32世紀頃） 写真はブラウン大学のWebページに掲載されているもの

で有名です。考古学者たちは、出土した墓にアルファベットを用いて名前を付ける慣習に従い、様々な墓を識別しました。この中で特にU-j墓は、文字の歴史における画期的な発見の場となりました。そこからは、世界で最も古いヒエログリフの1つが刻まれた象牙製のタグが見つかりました。ここで見つかったヒエログリフは、プロト・ヒエログリフ、あるいは、古拙ヒエログリフや原エジプト文字などと呼ばれます。これらのタグはおそらく埋葬品として使用されていたものの、具体的な用途は今もって不明です。

　この象牙製タグに関する研究は、ドイツ考古学研究所カイロ支部のギュンター・ドライヤー教授（1943～2019）によって進められ、放射性炭素年代測定法を用いて年代が推定されまし

た。放射性炭素年代測定法は、炭素の同位体の一種である放射性炭素が時間とともに減少する性質を利用して、古代の物質の年代を推定する技術です。この方法により、象牙製タグは紀元前3350年から紀元前3150年にかけてのものであることが明らかになりました。この時期をもとに、古代エジプト文字が書かれ始めたのは紀元前33世紀から紀元前32世紀頃とされていますが、これには異論も存在します。

　古代エジプト文明における文字の起こりと発展は、世界史上、重大な影響を与えてきました。このアビュドスのU-j墓から出土した象牙製タグに記された原始的なヒエログリフは、古代エジプト文明が発展する過程での言語表現の形態を示すものであり、商取引や行政の記録など、具体的な用途に使用されていた可能性が高いと考えられています。これは、古代エジプト人が組織的な社会を築き、情報を記録して伝達する能力をもっていたことを示しています。また、これらの文字の使用は、古代エジプト文明が他地域や文明との交流、または独自の発展を通じて複雑化していった過程をうかがい知る手がかりでもあります。

　プロト・ヒエログリフは、古代メソポタミア文明の楔形文字にも匹敵する世界最古級の文字です。しかし、このプロト・ヒエログリフには大きな謎があります。楔形文字は、トークンという、商品などの数を記録するための粘土で作られたコマのようなものから、やがて粘土板に刻む文字になってきたという文字の発達過程の証拠がたくさん出てきています。しかしながら、ヒエログリフに関しては、いきなりある程度完成された文字が出てきて、文字が成立する過程が、楔形文字のようにはっきり

とはわかりません。そうしたことからヒエログリフは、メソポタミアとの交易の中で文字を学んだエジプト人が、作り出したのではないか、という説が有力です。

紀元前3300年頃、イラン、スサ出土のトークン　１つのトークンが穀物の量などを表している（ルーヴル美術館東洋古代美術部門蔵）Denise Schmandt-Besserat "Tokens: their Significance for the Origin of Counting and Writing"より。

　しかし、メソポタミアでは粘土板に刻んで、乾かすという手段がとられたのに対して、エジプトでは、粘土板は使わず、基本的に、象牙や石材、ファイアンスに刻むか、パピルスや木片、布、陶片などにインクで書くという手段がとられました。この点に関しては、エジプト人がメソポタミアの人々から文字を学んでプロト・ヒエログリフを発明したのであれば、どうして粘土板を使わなかったのか、と疑問が残ります。一応、象牙などではなく、もっと脆い素材に書いていたため、残らなかったのではないかと考えることもできます。しかし一方で、非常に脆

い素材であるはずのパピルスにインクで書かれた、4700年ほど前の文書は残っており、それくらい乾燥が強いエジプト、特に砂漠地域で、痕跡が1つも残っていないとは考えられません。私自身は、メソポタミアの人々が文字を使っているところを見たエジプト人が、何らかの理由で粘土を使うことを嫌い、最初に石や象牙などに文字を彫り、さらにパピルスなどインクで文字を書きやすい媒体を発明していったのだと考えています。

　メソポタミアの人々が使っていた楔形文字は、基本、粘土が乾かないうちに、スタイラスという葦で作った棒を押し当てて書き、一部は碑文として岩などに刻まれました。それに対してエジプトの人々は、パピルスという植物性の薄いシートに、インクで文字を書くという方法を発明しました。もちろん、粘土板もパピルスもどちらも一長一短があります。

　粘土板は、乾くと壊れにくく燃えにくく記録が残りやすいという点が挙げられます。実際に、アッシリア帝国の都であったニネヴェの図書館などでは、過去に作られた粘土板のかなりの数が残っており、『ギルガメシュ叙事詩』など、有名なメソポタミア文学がそのおかげで残りました。粘土はどこでも手に入るほか、手のひらサイズで文字を刻んでいけば、ノートがわりとしても使えて便利です。ただ、粘土を持っている方の手は汚れるかもしれません。また、乾くのに時間がかかり、その間に間違って押し潰したりしたら、せっかく刻んだ文字が消えてしまうかもしれません。

　それに対して、パピルスは燃えやすい上、破れたり水がつくとインクが滲んだりする欠点はありますが、うまく書くと手も

そこまで汚れず、また、早くインクが乾くため、すぐに完成できるというメリットがあるかもしれません。また、くるくると丸めて巻物状にすれば、かなりたくさんの文字を書いた文章を持ち運べるでしょう。

　私はパピルスに文字を書いたことや粘土板に楔形文字を刻んだことはあるのですが、そこまで大量に文章を書いてみて、厳密に比較したことはないので、これらは想像でしかありません。ただ、粘土板とパピルスという媒体をその実用面から比較するという観点は非常に面白いのではないかと思います。粘土板を使う文字は楔形文字以降出てこなくなる一方、古代エジプト文字に影響されてできたといわれるセム系の諸文字は、パピルスなどシート状のものに書く文字で、それが、ラテン文字（英語などのアルファベット）やキリル文字（ロシア語などのアルファベット）、アラビア文字、インド系諸文字を含む数多くの文字の源流になり、今でも世界で多くの人々に使われているというのは非常に面白いことです。

　このアビュドスU-j墓の象牙製のタグのようなプロト・ヒエログリフ資料は、2021年に開館したカイロのエジプト国立文明博物館（National Museum of Egyptian Civilization）で実物を見られるほか、大英博物館や様々な博物館でも本物を見ることができます。

コラム	エジプトの歴史

時代	西暦	主な出来事・キーワード
先王朝時代	前3000年以前	
初期王朝時代	前3000頃～前2686頃	上下エジプトの統一 ナルメル王
古王国時代	前2686頃～前2181頃	ピラミッド スフィンクス
第1中間期	前2181頃～前2055頃	
中王国時代	前2055頃～前1650頃	文学の黄金期 『シヌへの物語』
第2中間期	前1650頃～前1570頃	ヒクソスによる統治
新王国時代	前1570頃～前1069頃	王家の谷 アテン宗教改革 少年王
第3中間期	前1069頃～前664	クシュ王国、リビア人勢力、アッシリア帝国、アケメネス朝ペルシアなど、外国勢力による支配が多い
末期王朝時代	前664～前332	
アレクサンドロス大王の帝国・プトレマイオス朝時代	前332～前30	ギリシア人王朝 クレオパトラ
共和政ローマ・帝政ローマ時代	前30～後395	キリスト教迫害 キリスト教国教化
ビザンツ帝国時代	後395～後641	コプト・キリスト教文化の興隆
イスラーム諸王朝時代	後641～現在	アラビア語話者の増加 ムスリムの増加

さて、この章では古王国や中王国など、エジプトの歴史用語がいくつか出てきますが、エジプトの歴史を知らない方のためにここで一旦まとめておきます。

　エジプトは紀元前3000年頃に上エジプト（エジプト南部）と下エジプト（エジプト北部）を統一する王朝ができました。それから紀元前27世紀に古王国時代となり、ピラミッドやスフィンクスが建てられ、『ピラミッド・テキスト』が刻まれます。その後、第1中間期で様々な王朝が乱立し、中王国時代に再び統一されました。この時代は文学の黄金期で『シヌへの物語』などが書かれています。この頃のエジプト語である中エジプト語がのちのち古典語として2000年ほど使われていくことになります。

　次にヒクソスによってもたらされた第2中間期のあと、紀元前16世紀に始まった新王国時代では、最大領土を誇ったトトメス3世、アクエンアテンによるアテン信仰への宗教改革、アメン神への信仰回復を行った少年王トゥト・アンク・アメン、ヒッタイト帝国とカデシュで戦ったラメセス2世など有名なファラオが次々と登場します。

　第3中間期と末期王朝時代には、リビア人やクシュ人、アッシリア帝国やアケメネス朝ペルシア帝国など、外国勢力の支配が多くなります。紀元前4世紀にアレクサンドロス大王がエジプトを征服し、死後にできたプトレマイオス王朝は300年ほど続き、紀元前196年頃にロゼッタ・ストーンが作られます。紀元前30年、エジプトはローマに征服され、395年にローマが東西分裂したあとも、東ローマ帝国、すなわちビザンツ帝国に支配され、641年からはアラブ人のイスラーム帝国に征服されて、以降、イスラームの時代となります。

初期王朝時代・古王国時代・第 1 中間期

　紀元前28世紀後半になると、ヒエログリフで、文レベルの文字が刻まれるようになりました。文レベルのヒエログリフが書かれた最古の例は、アビュドスのウンム・エル＝カアーブの第2王朝（前2890頃〜前2686頃）のセト・ペルイブセン王（前2733頃〜前2716頃）の墓から見つかった印章にあるヒエログリフ文だといわれています。この時代は、もう完全にプロト・ヒエログリフではなく、その後、紀元後4世紀まで、3000年間あまり変わることなく使われるヒエログリフとなります。

ウンム・エル＝カアーブ

　第3王朝（前2686頃〜前2613頃）から第6王朝（前2345頃〜前2181頃）にかけての古王国時代（前2686頃〜前2181頃）になると、さらにたくさんのヒエログリフおよびヒエラティックのテキストが作られました。墓や神殿の壁、石碑などにヒエログリフが彫られ、また、パピルスや陶片などにヒエラティックが書かれました。

特にこの時代には、紀元前24世紀頃から、サッカラの第5王朝のウナス王（前2375頃～前2345頃）や第6王朝のペピ1世（前2321頃～前2287頃）のピラミッドなど、第5王朝（前2494頃～前2345頃）と第6王朝の王族のピラミッド内部にヒエログリフによる『ピラミッド・テキスト』が記されるようになりました。これらのテキストは、世界最古の葬送文書として知られ、古代エジプト宗教の核心的な側面を伝え、死後の世界に関する知識を我々に与えてくれます。

ウナス王のピラミッドの玄室の『ピラミッド・テキスト』と筆者

　『ピラミッド・テキスト』は、ガストン・マスペロ（第Ⅱ部第6章で紹介）らによってサッカラのいくつかピラミッドで発見されたのち、様々な学者によって研究されてきました。これらのテキストは、前述した古王国時代の第5王朝から第6王朝の時期に加え、さらに第1中間期（前2181頃～前2055頃）の第8王朝（紀元前22世紀頃）にかけて、紀元前24世紀から紀元前22世紀にわたる時期に王や王妃の墓である11のピラミッド内部に刻まれたものです。内容は、王や王妃が来世で幸福を

享受できるようにするための呪文であり、現在までに知られている呪文の数は759以上にのぼります。

　ヒエログリフに対して、最古級のヒエラティックは、第4王朝（前2613頃〜前2498頃）のクフ王と同時期の『メレルの日誌』などのパピルス文書がワーディ・エル＝ジャルフ（ワーディー・アル＝ジャルフ）で発見されました。メレルはクフ王のピラミッド建造において現場監督のような立場にあった人物のようで、その日誌には作業や管理事項の記録がヒエラティックによってつづられていました。これは、ヒエラティックが日常的な書記活動に広く用いられていたことを示しています。ヒエラティックもこのあと長い期間、使用されていくことになります。この古王国時代頃から第1中間期にかけて使われたエジプト語を古エジプト語と呼びます。

　この古エジプト語は、紀元前27世紀から21世紀にかけてと、擬古文として第25王朝の紀元前8世紀に使用されました。この時期には、ヒエログリフとヒエラティックの両方の文字が用いられ、古代エジプトの記録や文学作品に広く見られます。ヒエログリフは主に宗教的なものとして石碑や壁画に刻まれ、ヒエラティックはより日常的な書き込みや文書に使用されました。

中王国時代・第2中間期

　紀元前22世紀に始まる中王国時代ももちろん、引き続きヒエログリフが神殿や墓の壁、石碑に彫られたり、インクで書かれたりしました。この時代には、棺に彫られた『コフィン・テ

キスト』が数多く見られるようになり、古代エジプト文学の黄金期が訪れます。また、中王国時代からその後の第2中間期にかけて、古代エジプト文学の白眉（はくび）と目される、著名な文学作品が多数作られました。それらの作品には、『シヌへの物語』、『難破した水夫の物語』、『ウェストカー・パピルスの物語』などの物語文学や『アメンエムハト1世の教訓』、『宰相プタハヘテプの教訓』などの知恵文学があり、また、物語とついているものの、実際は知恵文学に分類され得る『雄弁な農夫の物語』などがあります。これらは、中エジプト語と呼ばれるエジプト語の一種で、パピルスやオストラコンなどにヒエラティックを用いて書かれました。

　なお、紀元前16世紀に始まる新王国時代（前1570頃〜前1070頃）以降に特に顕著となりますが、ヒエログリフがパピルスに書かれることも出てきました。これは、筆記体ヒエログリフと呼ばれます。代表的なものとして『死者の書』が死者の来世での幸福のために作成されました。また、ロゼッタ・ストーンの最上段に見られるように、その後のプトレマイオス朝時代、ローマ時代にもヒエログリフ刻文、および筆記体ヒエログリフは使われました。このように、ローマ時代に至るまで、ヒエログリフは重要な文化的遺産として脈々と残ります。また、プトレマイオス朝からはヒエログリフの文字が増え、この時代に使われたヒエログリフの中エジプト語文を特別にプトレマイオス朝エジプト語と呼ぶこともあります。

新王国時代

　新王国時代、ヒエラティックでは、『ウェンアメン航海記』や『呪われた王子の物語』、『ホルスとセトの戦い』、『二人兄弟の物語』などが、古典語であった中エジプト語ではなく、当時の口語に近い新エジプト語で記されました。この新エジプト語は過去の古エジプト語や中エジプト語とは異なる文法をもっており、その後の民衆文字エジプト語やコプト語に近い文法をもっていました。そのため、エジプト語の言語学者は、古エジプト語と中エジプト語をまとめて、「前期エジプト語」、新エジプト語と民衆文字エジプト語とコプト語を合わせて「後期エジプト語」と呼びます。

　紀元前 8 世紀頃には、デモティックがヒエラティックから派生し、末期王朝時代には『セトネ・カエムワセトの物語』などがデモティック語で書かれました。そうした流れの上で、プトレマイオス王朝下の紀元前196年頃に、ヒエログリフ、デモティック、そしてギリシア文字を用いたロゼッタストーンが作られました。このロゼッタ・ストーンが、のちにエジプト文字の解読への鍵の 1 つとなったわけです。

第 3 中間期〜ローマ時代

　古代エジプト文字の使用は、紀元後 4 世紀にヒエログリフで、紀元後 5 世紀にデモティックで終わりました。前述のように、紀元前 8 世紀頃からデモティックが使われ始めましたが、その

文字で書いている言語は、民衆文字エジプト語、あるいは民衆語、もしくは単にデモティック語といわれ、当時の口語に近いものでした。また、前の時代の新エジプト語やあとの時代のコプト語と文法的に類似性が見られます。一方で、古典語として中エジプト語は使われ続け、この時代にもヒエログリフの新しいテキストが生み出され続けました。様々な新しい文字の追加も行われ、この時期の中エジプト語が特別にプトレマイオス期エジプト語と呼ばれていることは、すでに紹介した通りです。

　その後エジプト語は、ギリシア文字をもとにしてデモティックから6〜7文字を加えた、コプト文字へと移行しました。このコプト文字で書かれたエジプト語をコプト語と呼びます。なお、ギリシア文字の起源はフェニキア文字にあり、フェニキア文字はヒエログリフなどを祖とする原カナン文字から生まれました。これについてはのちほど改めて触れます。

コプト語とヒエログリフの解読

　コプト語は、紀元後3世紀頃に正書法が確立されたエジプト語の一形態です。この言語は、24文字のギリシア文字に加えて、6から7文字のデモティック（古代エジプトの日常書き言葉）文字が追加されてできたコプト文字で書かれます。17世紀頃まで日常語として使われていましたが、現在では主にコプト・キリスト教の典礼言語として使われています。

　ヒエログリフなどで記された古代エジプト語は、その長い歴史を通じて多くの変遷を遂げてきましたが、19世紀初頭まで

ヒエログリフの意味は謎に包まれていました。このヒエログリフの解読に大きな役割を果たしたのは、フランスの学者ジャン = フランソワ・シャンポリオン（第 II 部第 5 章で紹介）です。彼はコプト語の知識を利用して、1822年にヒエログリフを解読しました。コプト語がヒエログリフの言語、つまり古代エジプト語の直接の末裔であることを見出したのです。

　シャンポリオンが解読する前は、アタナシウス・キルヒャー（第 II 部第 3 章で紹介）など少数の人々がコプト語がヒエログリフの言語の末裔ではないかと疑っていたものの、はっきりとはわかりませんでした。シャンポリオンがコプト語を用いてヒエログリフの言語を正しく解読したことによって、ヒエログリフの言語はコプト語の先祖の言語であることが完全に証明されたのです。

(3) ΠΕΚΜΝΤΟΥΛΛΒ ΡΝΝ　ΘΙ　ΜΛΛΝΙ　ΝΛΚ　ΤΕΙΡΕ

.ta majesté *éduquer* POUR nourrice à toi je suis (devenue)

« je suis devenue ta nourrice pour éduquer ta majesté. »

シャンポリオンによるコプト語を用いたヒエログリフの解読　最上段がヒエログリフ、2 段目がコプト語、3 段目と 4 段目がフランス語による訳。「私は陛下を教育するために養母になりました」という内容が書かれている

　ヒエログリフの言語は今では古代エジプト語、さらに細分されて、古エジプト語、中エジプト語、新エジプト語があり、デモティックで書かれものはデモティック語、コプト文字で書かれたものはコプト語と整理されています。また、コプト語には

ヒエログリフには存在しない母音が記されていたため、ヒエログリフの言語（古代エジプト語）の母音の再建に用いられています。

| コラム | 現代コプト語の発音 |

コプト語の発音は、その歴史を通じて複数の変遷を経験してきました。特に注目すべきは、3世紀から18世紀にかけての発音と、現代の教会発音との間に見られる顕著な違いです。この変化の背景には、コプト正教会のアレクサンドリア教皇（コプト正教会の首長）キリル4世による重要な改革があります。

3世紀から18世紀にかけてのコプト語の発音は、現在の教会発音とは異なるものでした。この時期のコプト語は、古代エジプト語の直接の後継言語として、独自の発音体系をもっていたようです。しかし、歴史の流れの中で、外部からの影響を受けることになります。

19世紀に入ると、キリル4世はコプト語の発音に関して一連の改革を実施しました。これらの改革の目的は、コプト語の教会発音を標準化し、統一することにありました。キリル4世の改革は、コプト語発音における重要な転換点となり、現代に至る教会発音の基礎を築きました。

キリル4世による改革発音は、現代ギリシア語の発音に強く影響を受けたものです。キリル4世がコプト語の発音をより理解しやすく、学びやすいものにしようと意図したものでしたが、

結果として、コプト語の発音はより人工的なものとなり、伝統的な発音から大きく変化することになりました。

　現代のコプト語教会発音は、このキリル4世による改革の影響が色濃く残っています。現代ギリシア語の発音の特徴を取り入れたことで、キリル4世が意図した通り、コプト語はよりアクセスしやすく、学習しやすい言語となりましたが、それと同時に、過去の発音との間には明確な断絶が生じています。

　コプト語の発音変化は、言語がどのように時間とともに進化し、外部からの影響を受け入れていくのかを示す一例と言えるでしょう。現代においても、コプト語の発音は継続的な研究の対象となっており、その歴史的、文化的価値は非常に高いものがあります。

古代エジプト文字から派生した文字

　エジプトに住んでいたセム系民族がヒエログリフなどのエジプト文字からインスピレーションを得て作ったとされるワーディ・エル＝ホール（ワーディー・アル＝ハウル）文字や原シナイ文字は、原カナン文字のより古い形と考えられているもので、アルファベットの伝播の過程で重要な役割を果たした

ワーディ・エル＝ホール文字

と目されています。

　これらのセム系諸文字は子音だけを表すもので、同じく子音だけを表すエジプト文字の表音文字から影響を受けて生まれたと考えられます。そして、原カナン文字をもとに発展したフェニキア文字からギリシア文字が生まれましたが、母音を表記するシステムはギリシア文字から始まりました。その後、ギリシア文字が伝播して、エトルリア文字を経て、現在の英語やスペイン語、フランス語、ドイツ語などの大言語で用いられるラテン文字が生まれていきます。また、ギリシア文字からは、ロシア語などロシアとその周辺の言語で用いられるキリル文字も生まれました。

　そのほか、フェニキア文字から生まれたアラム文字は、様々な文字を経て、アラビア文字やヘブライ文字、さらには、インドや東南アジアを中心に使われている様々なインド系諸文字へと発展していきました。また、アラム文字から生まれたパフラヴィー文字は、ソグド文字や古ウイグル文字を経て、東アジアのモンゴルに伝播してモンゴル文字となり、そして、満洲の満洲族に伝播して満洲文字にもつながります。このように現在、世界で用いられている漢字文化圏以外の大部分の言語がエジプト文字の影響で生まれたセム系諸文字にその端を発するものであり、漢字文化圏さえラテン文字（英数字）が部分的に使われていることから考えると、その現代への影響は計り知れません。

　エジプト文字と、その後継の諸文字の歴史は、古代から現代にかけての言語と文字の進化を追う壮大な旅です。

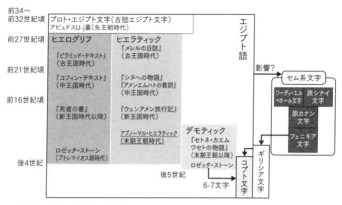

エジプト文字の発展と影響

まとめ：現在わかっているエジプト語史と文字

　エジプト語と文字の歴史をたどることは、古代エジプトの文明を理解するための重要な手がかりとなります。ベルリン・フンボルト大学のエジプト学者カマーツェルの分類（Kammerzell 2000：97）を修正した次のページの表によれば、エジプト語は数千年にわたる長い歴史の中で、いくつかの異なる段階を経て進化してきました。この分類は、言語の発展とそれに伴う文字の変遷を示しており、エジプト語の各時代ごとの特徴を理解する上で役立ちます。

　エジプト文字の歴史の始まりは紀元前34世紀から紀元前32世紀頃にさかのぼります。この時期には、のちのヒエログリフとヒエラティックのもととなるプロト・ヒエログリフが登場しました。これらの文字は、古代エジプトの言語表現と文化的ア

言語名		期間	文字
先古エジプト語		前32〜前27世紀	プロト・ヒエログリフ
前期 エジプト語	古エジプト語	前27〜前21世紀、 および前8世紀	ヒエログリフ および ヒエラティック
	中エジプト語	前23〜後4世紀	
後期 エジプト語	新エジプト語	前14〜前7世紀	
	デモティック語	前8〜後5世紀	デモティック（民衆文字）
	コプト語	後3〜21世紀	コプト文字

カマーツェルによる分類　Kammerzell（2000：97）を修正　※期間は書記期間

イデンティティの基礎を形成しました。

　最初に登場するエジプト語は「先古エジプト語」で、紀元前32世紀から27世紀にかけて使用されていました。この時期の文字としてはプロト・ヒエログリフが使われており、エジプト語の書記史の始まりを告げるものです。

　「古エジプト語」は紀元前27世紀から紀元前21世紀頃まで使われ、当時の墓や神殿の碑文、主に第5王朝最後の王ウナス王と、第6王朝の王や王妃のピラミッドから見つかった『ピラミッド・テキスト』で有名です。また、紀元前7世紀に、古王国時代を理想とした第25王朝（クシュ王国）によって、擬古的な古エジプト語を用いた碑文などが記されました。メンフィス神学を記した「シャバカ・ストーン」と呼ばれる、大英博物館に所蔵されている石碑が有名です。

言語の段階
- 古エジプト語
- 中エジプト語・古典エジプト語
- 新エジプト語
- デモティック語
- コプト語

文字
- ヒエログリフ
- 筆記体ヒエログリフ
- ヒエラティック
- デモティック
- コプト文字

年代	時代	言語の段階	文字
前2670頃	古王国時代		
前2160頃	第1中間期と中王国時代		
前1730頃	第2中間期と新王国時代		
前1075頃	第3中間期		
前712	末期王朝時代		
前332	プトレマイオス朝時代 ローマ帝国時代 ビザンツ帝国時代	-200 +394 +470	-200 +394 +470
後641	イスラーム時代		

Textes et langages de l'Égypte pharaonique (Bibliothèque d'Études, 64), Le Caire, 1974; P. GRANDET, B. MATHIEU, *Cours d'égyptien hiéroglyphique*, I, Paris, 1990, p. 9 ; M. MALAISE, J. WINAND, *Grammaire raisonnée de l'égyptien classique*, Liège, 1999, p. 5-10.

クロード・オブソメールによるエジプト語史史とその文字史（Obsomer〈2009〉） 数字の前の＋は紀元前を、－は紀元後を示す

　「中エジプト語」（中期エジプト語）は紀元前23世紀から後4世紀にかけて広く用いられ、エジプト語の中でも特に重要な位置づけにあります。中エジプト語は、現代もエジプト語学習の基礎となる言語であり、『シヌへの物語』などの多くの文学作品がこの言語で記されています。これらの文学作品の多くがヒエラティックで書かれました。古代エジプト文学の黄金期の言語である中エジプト語が、紀元後4世紀まで、「古典語」としてずっと使われていきます。ヒエログリフで書かれた碑文などのほとんどはこの中エジプト語です。

その後、「デモティック」と呼ばれる文字が登場し、紀元前8世紀から後5世紀にかけて使用されました。デモティックは、新エジプト語のさらに発展した口語を表した文字であり、その言語のことを、「デモティック語」、あるいは単に「民衆語」と呼びます。ロゼッタ・ストーンの中段などに見られるような勅令や、『セトネ・カエムワセトの物語』などの文学、日常的な文書や商業文書など、非常に広く用いられたことが特徴です。デモティックは、より速く、簡単に書けるように設計されており、古代エジプトの文書作成において中心的な役割を果たしました。パピルスやオストラカなどにインクで描かれるだけでなく、ロゼッタ・ストーンの中段のように、石に彫られることもありました。

　エジプト語の発展の系列は、最終的にコプト語へと続きます。コプト語は、エジプト語がギリシア文字を取り入れて発展した形態であり、キリスト教文献に特に多く見られます。コプト語は、古代エジプト語から派生した最後の形態であり、紀元後3世紀から21世紀までコプト・キリスト教会で使われています。コプト文字は、ギリシャ文字に少数のデモティック文字から派生した文字を加えることで形成されました。コプト語となったことにより、エジプト語は古代エジプト語の伝統を継承しつつ、キリスト教化したエジプトでの新たな文化的・宗教的文脈に適応することが可能となりました。

　こうしてコプト文字で記されるようになったエジプト語ですが、ヒエログリフなどの古代エジプト文字の使用は現在から約1600年前、終焉を迎えました。この歴史的な瞬間は、エジプ

ト最南部、アスワーン近くに位置するナイル川の中のフィラエ島にて起こりました。フィラエ島は、イシス神殿を含む数多くの古代遺跡で知られており、最後のヒエログリフが記された場所としても特筆されます。この最後のヒエログリフは、アセトメジュアケム（エスメトアコム）というイシス神殿の神官によって壁に彫られたグラフィート、すなわち非公式の落書きとして残されました。

　エジプトがキリスト教を国教として受け入れる過程で、古くからのエジプト多神教は徐々に影を潜めていきました。かつてエジプト全土に広がっていた多神教の信仰は、次第に縮小し、最終的にはエジプトの最南端に位置するフィラエ島のイシス神殿にのみ残ることとなります。この神殿は、古代エジプト文化の最後の拠点の1つとして、多くの神々を祀り続けていました。

　時代の変化とともに、古代エジプトの象形文字であるヒエログリフは使われなくなっていき、フィラエ島のイシス神殿に刻まれた紀元後394年のヒエログリフが最後の例となりました。同様に、デモティックも、この神殿で紀元後452年に書かれた記録を最後に、使用されなくなりました。

　この最後のヒエログリフとデモティックの記述は、エジプト文字が深く根付いていた古代世界の時代が終わりを告げた瞬間を物語っています。

　これらの文字の使用が途絶えたあと、1370年以上にわたって、古代エジプトの文字を正確に読むことができた人は知られる限り誰もいません。言語や文字とともに古代エジプト文明の知識は長い間、忘れ去られた秘密となっていました。多くの人

が解読に取り組んできましたが、19世紀初頭にジャン＝フランソワ・シャンポリオンが登場するまで、これら古代の文字の謎を解く鍵は誰の手にも渡ることはありませんでした。

　第Ⅱ部では、この古代エジプト文字、特にヒエログリフの解読にまつわる人々の挑戦を見ていくことにしましょう。長い時間を経て、どのようにして人類は再びこれら古代のメッセージを読み解くことができるようになったのか、その興味深いプロセスを紐解いていきます。

第 **II** 部

ヒエログリフ
解読への道

第 1 章

古代ギリシア・ローマ時代

ヨーロッパにおける古代エジプト研究の初期段階では、古代エジプトに関する情報は主に、ギリシア語を用いて書かれた古代ギリシアやローマの著述家たちが書き記した著作物に依拠していました。これらの文献は、エジプトの地を訪れたり、エジプトに関する二次情報を収集したりした学者や旅行者によって書かれました。

この時代のエジプトでは、まだヒエログリフをはじめとする古代エジプト文字の使用も一部続いており、解読に向けての研究という点ではまだ始まっていない段階です。しかし、この時代の著述家たちが古代のエジプトについて文献に書き残していたからこそ、後世に古代エジプト文明のことが伝わり、研究対象として残り続けることができた側面も大きいでしょう。

本章では、のちのヒエログリフ解読やエジプト研究につながっていくための橋渡しとなった、古代ギリシア・ローマ時代の出来事と人物について紹介します。

古代エジプトと古代ギリシア

古代エジプト文明に関する知識は、その多くが長い間忘れ去られたものとなっていました。一旦失われてしまうと、それを取り戻すことは容易ではなく、特に、古代エジプトの文字であ

るヒエログリフの解読が可能となるまでは、その理解は非常に
困難なままでした。ヒエログリフは何世紀にもわたって謎に包
まれた文字であり、大量にあるヒエログリフを読み解いて古代
エジプト史を再構築できる人はいませんでした。

　この状況が変わったのは、19世紀初頭、ジャン＝フランソ
ワ・シャンポリオン（Jean-François Champollion）がヒエログ
リフの解読に成功したあとのことです。シャンポリオンがヒエ
ログリフを解読するまで、古代エジプトに関する主要な情報源
は、古代ギリシア語で書かれた著作物でした。これらの著作に
は、古代エジプトの文化・宗教・歴史などに関する記述が含ま
れており、特にヘロドトスやプルタルコス、そして、マネトン
などの古代ギリシアやヘレニズム期の著述家たちによって重要
な情報が記録されています。

　古代エジプトと古代ギリシアとの交流は、地中海を通じた活
発な交易によって特徴づけられます。エジプトは、ギリシア世
界と非常に古くから交易を行っていました。ギリシア本土はも
ちろん、クレタ島やキプロス島とは、ギリシア・ローマ時代以
前から交易が行われ、エジプトには、ナウクラティスなどギリ
シア人の植民都市も建設されました。

　これら2つの文明は、互いに異なる資源と文化をもっていた
ため、交易は両者にとって非常に重要でした。エジプトは、肥
沃なナイル・デルタやファイユーム盆地で栽培された穀物、高
品質の亜麻布、そして貴重なパピルスをギリシアに輸出しまし
た。一方、ギリシアとその植民地からは銀、木材、オリーブ油、
ワインなどがエジプトにもたらされました。このような交易活

動は、両文明間の経済的および文化的交流の基盤を形成し、それぞれの発展に深く影響を与えました。

　古代エジプトとの交易に関わった古代ギリシアの文明は、その言語的多様性においても注目に値します。古代ギリシアの諸文明としては、非インド・ヨーロッパ系のミノア文明やキプロス文明、そしてインド・ヨーロッパ系のミケーネ文明などが挙げられます。

　ミノア文明は、特にエーゲ海のクレタ島を中心に栄えた文明で、未解読の線文字Aの使用でも知られます。海洋貿易に優れていたこの文明は、エジプトとの間で活発な交易を行っていました。一方、キプロス文明もまた、エジプトとの交易において重要な役割を果たしていた非インド・ヨーロッパ系の文明の1つです。

　さらに、インド・ヨーロッパ語族のギリシア語派の言語が用いられたミケーネ文明もエジプトとの交易に深く関与していました。線文字Bで古いギリシア語を綴ったとされるミケーネ文明はギリシア本土に栄え、その影響は地中海全域に及びました。

　これらの文明間の交易は、異なる文化や技術の交換を通じて、地中海地域の経済的・文化的発展に大きく貢献しました。

エジプトのギリシア人都市ナウクラティス

　ナウクラティスは、ヘロドトスの著作においてよく登場するギリシアの植民都市です。ヘロドトスは、しばしば「歴史の父」と称されますが、彼の著作『歴史』にはナウクラティスに関す

る詳細な記述が残されており、この都市がエジプトとギリシア
の交流においていかに重要な役割を果たしたかが強調されてい
ます。彼の記録は、ナウクラティスがエジプトに最もギリシア
の影響をもたらした都市であったことを示しており、この都市
について知ることは古代地中海世界における文化的・商業的交
流の理解に不可欠だといえます。

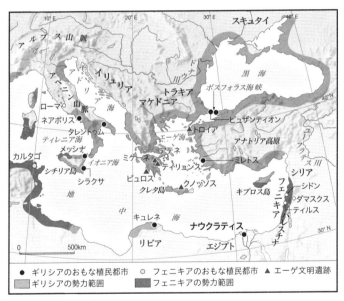

ナウクラティスとギリシア世界

　ヘロドトスの記述によると、ナウクラティスは、紀元前570
年に、エジプトの歴史において特別な位置を占めるようになっ
た都市です。この変化の始まりは、エジプトのファラオである
アプリエスがカリア人（古代アナトリア南西部にいた民族）と

イオニア人（アナトリア西岸などのギリシア人）の傭兵を雇った時にさかのぼります。これらの傭兵を用いて、アプリエスは対立していたクヌムイブラー・イアフメス王と戦いましたが、敗北しました。戦いに勝利したイアフメス2世は、これらの傭兵たち、特にその子孫たちをエジプトの首都メンフィスに移住させ、彼らを自身の親衛隊として重用しました。

　イアフメス王はギリシア人たちに好意をもっていたため、彼らにナウクラティスでの定住を許可しました。ナウクラティスは、その時点ですでに存在していた都市で、元々はエジプト人・ギリシア人・フェニキア人が共存していた多文化都市でした。考古学的調査によって、この3文化の共存が裏付けられています。

　イアフメス王のこの決定は、ナウクラティスをエジプト内での重要なギリシア人都市へと変化させるきっかけとなりました。この都市は、異なる文化が交流・共存する場所として繁栄し、次第に地中海地域における重要な商業・文化の中心地となっていきました。ナウクラティスの歴史は、エジプトと地中海世界との間の交流と相互作用の重要な例として、現代においても学術的な関心を集めています。

古代エジプトについて多くの記録を残した「歴史の父」
ヘロドトス〔古代ギリシア〕

Ἡρόδοτος　（前484頃～前430／420頃）

すでに名前が出てきていますが、古代ギリシア時代の人物で

ヘロドトスの胸像（メトロポリタン美術館蔵）

特筆すべき存在はヘロドトスです。ヘロドトスは、古代ギリシアの著述家であり、古代世界で最初の物語性のある歴史書『歴史』（ヒストリアイ）の著者として知られています。この著作の主題は、ギリシアとペルシア間の戦争（前500〜前449）とその背景に関する記録であり、後世の歴史記述に大きな影響を与えました。

　ヘロドトスは、ペルシアの支配下にあったアナトリアのハリカルナッソスで生まれました。彼の生涯に関する正確な情報は限られていますが、アテネに居住し、著名な悲劇作家のソフォクレス（前496頃〜前406頃）に会ったとされ、のちにイタリア南部のトゥーリオイに移住したといわれています。彼の『歴史』で言及される最新の事件は紀元前430年のものであり、彼がどこで、いつ亡くなったかは明確ではありませんが、ペロポネソス戦争の初期にアテネまたは中央ギリシアにいた可能性があります。

　ヘロドトスは広範囲にわたって旅をし、ペルシア帝国の大部分を巡りました。エジプトからリビア、バビロニア、リディア、フリュギアに至るまで、古代世界の多くの地域を訪れ、その地の文化や習慣を記録しました。

　『歴史』は 9 巻に分けられており、ギリシアとペルシアの戦

争の背景から戦況の詳細な記述、ペルシア帝国の発展や組織に
至るまで、多岐にわたる内容が含まれています。ヘロドトスは、
ペルシア帝国の各地域を征服の順に記述し、その地理・社会構
造・歴史について詳細に語っています。この著作は数多く書き
写されており、以下の写真は、この著作の写本の断片の1つで
す。

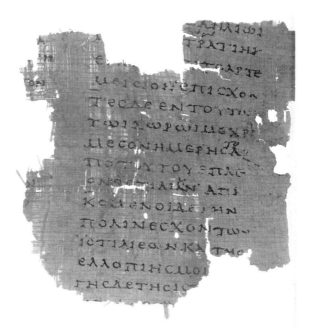

オクシュリュンコス・パピルス2099の『歴史』8巻断片（2世紀初頭）
（オックスフォード大学サクラー図書館・パピルス文献学閲覧室蔵）

　ヘロドトスの『歴史』は、単なる軍事史以上のものであり、

古代ペルシア帝国の複雑な社会構造や、ギリシアとペルシアの文化的・政治的対立を理解する上で重要な情報源となっています。また、彼は異文化に対する広範な興味と寛容な視点をもち、詳細な地理的記述や、異なる社会の習慣や信仰に関する観察を行っています。

　ヘロドトスは、彼が見聞きした話をもとにした物語的な歴史記述を行い、歴史上の人物の言葉や対話を挿入するなど、のちの歴史家たちに影響を与えるスタイルの 1 つを提示しています。この方法は、読者に対してより鮮明で理解しやすい歴史の描写を提供すると同時に、古代世界の人々の生活や考え方を生き生きと伝えることに成功しています。これは、当時ペルシア帝国の支配下にあった、末期王朝時代のエジプトに関しても同様です。

ヘロドトスの視点①：エジプトの地理

　ヘロドトスは、『歴史』の第 2 巻でエジプトについて詳細に記述しています。この巻では、エジプトの地理、ナイル川の氾濫（はんらん）、ナイル川の水源などについて触れられています。ヘロドトスは「エジプトはナイルの賜物（たまもの）」（これは要約で、実際は次の引用のように「川の贈り物」と述べられています）と述べ、ナイル川がエジプト文明の基盤となっていることを強調しています。

　　[…] たとえ以前に聞いていなくても、目撃すれば、分別のある者になら誰でも、ギリシア人たちが航海しているエジプトは、エジプト人にとって新たに獲得された土地であり、川の贈り物であることは明らかです。彼ら（神官たち）

はこのことについては言及しませんでしたが、下流の土地だけでなく、この湖から3日間の航海で到達する上流の土地も同じ性質のものなのです。（ヘロドトス『歴史』第2巻第5章の一部　著者訳）

　ヘロドトスは、エジプトの地理に関する章（5〜18章）で、ナイル川がエジプトの地形に与える影響について詳細に語っています。彼は、ナイル川が肥沃な土壌をもたらし、エジプトを「世界の穀倉」として成立させる重要な役割を果たしていることを強調しています。また、砂漠に囲まれたこの地域で、ナイル川が生命の源泉となっていることも指摘しています。

　19章から27章では、ナイル川の年間氾濫に焦点を当てています。ヘロドトスは、この氾濫がエジプト農業にとっていかに重要であるかを改めて説明し、ナイル・デルタの肥沃な土壌がこの氾濫によって形成されていることを述べています。彼は、氾濫が農業のサイクルと密接に関連しており、エジプト人の生活と文化に深く根ざしていることを示しています。

　さらに、ヘロドトスは28章から34章で、ナイル川の水源についての当時の知識と仮説を語っています。彼は、ナイル川がどこから流れてくるのかについての様々な理論を探求し、この川の神秘的な性質に魅了されていました。ヘロドトスの時代にはまだナイル川の水源は未知のものであり、彼の記述は当時のエジプトに対する外部の視点と好奇心を反映しています。

ヘロドトスの視点②：エジプトの文化

　エジプト文化への言及として、ヘロドトスはギリシア人とエジプト人の習俗の違いについても触れています。彼の記述は、当時のエジプトを外部から見たギリシア人の視点を反映しており、客観性に欠ける部分はあるものの興味深い内容となっています。

　ヘロドトスによれば、エジプトでは男女の社会的役割がギリシアとは逆であったとされています。例えば、エジプトでは女性が市場で商売を行い、男性は家で機織りの仕事に従事していたと記されています。また、荷物を運ぶ方法にも特徴があったとヘロドトスは述べており、エジプトでは男性が荷物を頭に乗せて運ぶのに対し、女性は荷物を肩に乗せて運んでいたとされます。確かにこの記述通りであればギリシアの慣習とは異なるものでしたが、実際の古代エジプトの習慣はヘロドトスの記述通りではなかったようです。

　ただ、正しい記述もあります。例えば、エジプトの神官は髪を剃る習慣があったとヘロドトスは記していますが、この習慣は、宗教的な清潔さや神聖さを象徴するものであり、ギリシアの宗教的習慣とは異なる点でした。

　ヘロドトスは、エジプト人がヒエログリフ（神聖文字）とデモティック（民衆文字）の2種類の文字を使用していたことにも言及しています。ヒエログリフは神殿や墓などの神聖な文脈で使われ、デモティックは日常の事務や一般の文章に使用されたことを伝えています。

　また、ヘロドトスはエジプトの文字が右から左へ向かって書かれることにも注目しています。これは、古代ギリシアでの書

き方、すなわち左から右へと書く習慣とは対照的でした。この独特の書き方は古代エジプト特有の視覚的・文化的アイデンティティを形成していたといえます。

　彼はほかにも、エジプトの宗教・神話・社会構造・日常の習慣などについて詳細に記録を残しており、のちのエジプト学研究にとって貴重な情報源となっています。彼の観察は、エジプト文化の独自性とギリシア文化との相違点を明らかにしており、古代世界の文化の多様性に光を当てています。

アレクサンドロス大王の東方遠征とプトレマイオス朝エジプト

　ヘロドトスの生まれた時代はペルシア戦争の真っ只中であり、古代ギリシアとペルシア帝国の間で激しく葛藤が起きていた時代でもありました。ペルシア戦争が終結して以降、ギリシア内では内紛が続き、その後、マケドニアのアレクサンドロス大王（アレクサンドロス3世：在位前336〜前323）によるギリシアの制圧と東方遠征（東征）が展開していきます。それまで古代ギリシアの影響を受けていたエジプトにとっても、アレクサンドロス大王の東方遠征は、大きな転機となりました。そこまでの歴史を簡単に説明します。

　ペルシア戦争は、古代ギリシアのポリス（都市国家）と拡大を続けるペルシア帝国との間で起こった一連の戦争です。紀元前5世紀の初め、イオニアの反乱をきっかけに始まりました。この反乱は、ペルシア帝国に支配されたアナトリアのギリシア人都市が起こしたもので、アテネなどのギリシア本土のポリス

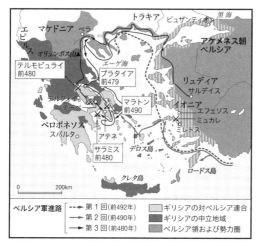

ペルシア戦争の推移

が支援しました。これに対し、ペルシア帝国のダレイオス1世（在位前522〜前486）はギリシア本土への遠征を決意し、紀元前490年のマラトンの戦いでアテネ軍と衝突しましたが、ギリシア軍に敗れました。

　ダレイオス1世の死後、息子のクセルクセス1世（在位前486〜前465）がペルシア帝国の王となり、紀元前480年にギリシア侵攻を再開しました。しかし、テルモピュライの戦い、サラミスの海戦、プラタイアの戦いなど、一連の戦闘を経て、ペルシア軍は最終的にギリシアから撤退することとなります。これらの戦争は、ギリシア人による自由の防衛として後世に語り継がれています。

　ペルシア戦争ののち、ギリシア世界は一時的な平穏を見ましたが、その後スパルタとアテネを中心とするペロポネソス戦争

に突入し、再び分裂状態に陥りました。この内紛を経て、北の
マケドニア王国が力をつけ、フィリッポス2世（在位前359〜
前336）の下でギリシア世界は統一されました。フィリッポス
2世の死後、息子のアレクサンドロスが王位を継ぎ、紀元前
334年にペルシア帝国への大規模な遠征を開始します。

　アレクサンドロス大王の遠征は、ギリシア文化の東方への拡
散と、ペルシア帝国の征服を目的としていました。イッソスの
戦い、ガウガメラの戦いなどでペルシア軍を破り、最終的にペ
ルシア帝国を崩壊させます。アレクサンドロス大王はエジプト
からインドまでの広大な領域を支配下に置き、ヘレニズム文化
の基礎を築きました。

アレクサンドロス大王の遠征とヘレニズムの3王国

　紀元前332年、アレクサンドロス大王によってエジプトは征
服されました。彼はエジプトをペルシア帝国から解放し、民衆

から解放者として歓迎されました。アレクサンドロス大王のエジプト滞在は、短期間であったものの、この地域に長期的な影響を与えました。その1つがエジプトの新たな首都アレクサンドリアの建設です。のちにこの都市はヘレニズム時代の知識と文化の中心地となりました。

　アレクサンドロス大王の死後、彼の帝国は将軍たちによって分割されましたが、エジプトはプトレマイオス朝のもとで独立した王国となりました。プトレマイオス1世（在位前305〜前282）は自らをエジプトのファラオであると宣言し、ヘレニズム文化とエジプトの伝統を融合させる政策をとりました。この融合は、ギリシア人の王がファラオとして多神教であったエジプトの神殿に描かれるなど、様々な場面で現れました。

　プトレマイオス朝の支配下で、アレクサンドリアは学問・文学・科学の中心地として栄え、特にアレクサンドリア図書館は古代世界最大の知識の宝庫として知られるまでになりました。エジプトの宗教も変化し、ギリシア神話とエジプト神話が融合した新たな神々が生まれました。代表的な例がセラピス神で、この神はエジプトのオシリス神とアピス神、そしてギリシアの神々の特性を組み合わせたものでした（コラム参照）。

　プトレマイオス朝は、土着の文化との融合を促進する一方で、ギリシア文化の優位性を保ち続けました。ギリシア語は公用語として用いられ、行政や文化の中心地ではギリシア人が優遇されました。そのため、エジプト人とギリシア人の間の社会的・経済的な隔たりは、時に緊張を生じさせる原因ともなりました。

　他方、この時代の文化的融合は、エジプトの芸術・宗教・学

問に大きな影響を与え、エジプトとギリシアの双方の文化に対する新たな理解を深めることに貢献しました。プトレマイオス朝の政策は、ヘレニズム文化のエジプトでの普及と、古代エジプト文化の保存、そして両文化間の相互作用と融合を促進するものであり、その結果として生まれた独自の文化は、今日でも多くの研究者によって注目されています。

コラム	セラピス神とアピス神

　セラピス神は、古代エジプトとギリシアにおいて崇拝された神で、ヘレニズム時代に特に人気がありました。セラピス神は、エジプトのオシリス神（冥界の神）とアピス神（後述）の属性を組み合わせたオソラピス神とギリシアの神々とを融合させた、シンクレティズム（異なる信仰体系の習合）の産物としてプトレマイオス朝エジプトで創出されました。この新しい神は、エジプト人とギリシア人の間の宗教的・文化的統合を促進するために導入されたと考えられています。

　セラピス神は、通常、冠をかぶり、長い髭をたくわえた男性として描かれ、時にはケルベロス（冥界の番犬）を伴うこともあります。彼は死後の生、豊穣、治癒の神として崇拝され、その信仰はエジプトを超えて地中海全域に広がりました。特にアレクサンドリアにあるセラペイオン（セラピス神を崇拝する神殿）は、古代世界で最も重要な宗教的中心地の１つでした。

　セラピス信仰は、エジプトの土着の宗教とギリシアの宗教的

慣習を統合することに成功し、ローマ時代を通じて栄えましたが、その後、キリスト教の台頭により徐々に衰退していきました。4世紀には、キリスト教徒によって多くのセラペイオンが破壊され、セラピス信仰は徐々に忘れ去られていきました。

　なお、上述のアピス神は古代エジプトの宗教において崇拝された、雄牛の神です。アピス神とされた牛は、肉体的な形態での神の現れと考えられており、特に創造と肥沃、再生の力を象徴していました。エジプト神話では、アピス神はプタハ神（メンフィスの主神で創造神）の生まれ変わり、または使者とされ、メンフィス地域で特に重要な役割を果たしていました。

　アピス神とされる牛は特定の印（白い斑点や特定のマークなど）をもつことで選ばれ、生涯にわたって神聖な扱いを受けました。その死後、その牛は神格化され、特別な墓地に葬られました。1850年に、フランスのエジプト考古学者マリエット（第Ⅱ部第6章で紹介）が、メンフィス近郊のサッカラで大規模なセラペイオンの遺跡を発見しましたが、翌年、ここからは巨大な石棺に収められた牛のミイラが複数見つかっています。セラペイオンに、アピスが埋葬されていたことがわかる実例で、両者の関係の深さをうかがい知ることができます。

　アピス神の崇拝は、古代エジプトの宗教的実践の中で非常に長い歴史をもち、プトレマイオス朝時代も続いていました。アピス神はまた、オシリス神との関連ももち、死後の世界でオシリス神と一体化するとされていました。このように、アピス神はエジプトの宗教と文化の中で特に象徴的で重要な存在だったことから、宗教的・文化的統合を担う立役者となり得たわけです。

現存する最古のエジプト王朝史を著した神官
マネトン（マネト）〔プトレマイオス朝エジプト〕

Μανέθων　（紀元前3世紀）

セラピス神の神官の頭部像　プルタルコスは、マネトンをセラピス神の信仰と関連づけていました（ベルリン旧博物館蔵）

マネトンは、プトレマイオス朝エジプトの初期に活躍した著名な神官であり、歴史家でした。彼はプトレマイオス1世やプトレマイオス2世（在位前285〜前246）の治世に仕え、エジプト語とギリシア語の両方に精通していたことで知られています。

マネトンの最も重要な業績は、『エジプト史』の著述です。この作品は、エジプトの歴史を詳細に記したもので、現存する最も古いエジプトの王朝史として知られています。

マネトンは、エジプトの王名や神名をギリシア語の名詞語尾を付けて表記する手法を用いました。この方法により、エジプトのファラオや神々の名前をギリシア文化圏の読者にも理解しやすく伝えることができました。例えば、ピラミッドで有名な古王国時代のファラオ「クフ」（ḫw(ï)=f w(ï)）はマネトンのギリシア語では「スーフィス」（Σοῦφις）と表記され、同様に中

王国時代のファラオ「センウセレト」（z(ï) n(.ï) wsr.t）は「セ
ソーストリス」（Σέσωστϱις）として記録されました。

　マネトンの著作は、エジプト文化とギリシア文化の間で知識
の橋渡しを行ったという点で特筆すべきものです。神官であっ
た彼はヒエログリフなどの知識もあり、ギリシア語との翻訳も
スムーズであったことから、エジプトの歴史と文化をギリシア
世界に紹介する上で重要な役割を果たしました。

　マネトンの『エジプト史』は、古代エジプトに関する学術的
研究における貴重な情報源として、今日でもその価値を認めら
れています。特に古代エジプトの時代区分や第○王朝といった
表し方などは現在も用いられているものです。彼の研究は、エ
ジプト学の基礎を築くものであり、後世に大きな影響を与えま
した。

　なお、マネトンの『エジプト史』は、エジプトの歴史、特に
王朝時代の詳細な記録を提供するものでしたが、残念ながら原
本は失われてしまいました。現在、その内容は、主に後世のギ
リシア語の著作家たちによる引用のかたちで断片的にしか残っ
ていません。特にキリスト教教会史家エウセビオス（260頃～
339）は、自身の著作の中でマネトンの作品を引用し、その一
部を保存することに貢献しました。

　さらに、『エジプト史』の一部はアルメニア語訳でのみ現存
している部分もあります。これは、原文のギリシア語版が失わ
れたあとも、アルメニア語での翻訳版が保存されていたことを
示しており、研究者たちにとって貴重な資料となっています。

　シカゴ大学のウィリアム・セイヤー氏が運営するWebサイト

（巻末のURL一覧参照）では、『エジプト史』の英語訳を読むことができます。また、このWebサイトでは、マネトンの作品に関する解説や背景情報も提供されており、エジプト史に興味をもつ学者や一般の読者にとって、貴重な情報源となっています。

アレクサンドリアの図書館

19世紀のO・フォン・コルヴェンによるアレクサンドリア図書館の想像図

　アレクサンドリアの図書館は、プトレマイオス朝エジプトの

首都アレクサンドリアに存在した、古代世界で最も有名な知識と学問の中心地の1つでした。この図書館は王立研究所（ムセイオン）の一部であり、学問・芸術などの女神ムーサに捧げられた施設でした。これは現代の「ミュージアム」の語源となっています。おそらく、ムセイオンは、プトレマイオス2世の治世中（前285〜前246）に設立されました。

　様々な学問分野の著名な学者たちがアレクサンドリアの図書館に集まり、研究を行っていました。特に有名なのは、エラトステネス（前275頃〜前194頃）による地球の円周の計算です。彼は図書館で働きながら、天文学や地理学の分野で多くの重要な発見をしました。また、ホメロス（前8世紀）など、古代ギリシアの重要な古典文学の研究や、古代ギリシア哲学、ヘレニズム哲学の研究も行われました。

　また、この図書館は、多数の貴重な文献や手稿を所蔵していました。中でも、マネトンの『エジプト史』などの重要な歴史的文書が保管されていたことで知られています。これらの文献は多くがギリシア語によるものでしたが、古代エジプトや他の文明に関する貴重な情報源となっていました。

　アレクサンドリアの図書館は火災によって焼失したとされていますが、それにはいくつかの説があります。最も有名なのはユリウス・カエサル（前100〜前44）のアレクサンドリア侵攻時に起きた大火によるものです。この火災で図書館は大きな損害を受け、多くの文献が失われたとされています。さらに、残っていた分館ものちの時代、特にローマ皇帝テオドシウス1世（在位379〜395）によって閉館されました。

アレクサンドリアの図書館は、古代世界における学問と文化のシンボルであり、その消失は古代の貴重な知識と文化遺産の多くが失われたことを意味します。今日、この図書館はその伝説的な地位と失われた知識への憧れから、世界中の歴史愛好家や学者にとって特別な関心の対象となっています。

　なお、エジプトは紀元前30年、ローマのオクタウィアヌス(のちの初代皇帝アウグストゥス：在位前27〜後14)によってプトレマイオス朝が滅ぼされ、ローマの属州となりました。以降は次第にエジプト独自の宗教・文化は薄れていくこととなります。

ヒエログリフを表意文字と伝えた歴史家
ディオドロス〔シチリア〕
Διόδωρος　(前90頃？〜前21頃？)

19世紀に描かれたディオドロスの想像図（フレスコ画、アジーラ図書館蔵）

　紀元前1世紀、シチリア島のアグリゲントゥムに生まれたディオドロス、通称「シケリア（シチリア）のディオドロス」は、著名な古代地中海世界の歴史家として知られています。彼が生きた時代は、ユリウス・カエサルやオクタウィアヌスといった重要な人物が活躍した、共和政から帝政へ移行する古代ローマの激動の時代でした。ディオドロスの

生涯については、限られた情報しか残っていません。しかし、彼の著作から、彼がエジプトを訪れていたことがわかります。

　ディオドロスの『歴史叢書』は、古代世界に関する広範な知識をもち合わせていたと見られる彼の著作の中でも特に重要な作品です。この著作では、彼がエジプトを旅した経験をもとに、ヒエログリフについても言及しています。ディオドロスはヒエログリフを表意文字として明確に記述しており、これについては同時代の多くの古典文学の著者が共有した見解だったようです。当時の人々が古代エジプトの文字についてどのように見ていたのかがうかがえますが、実際とは異なる、誤った見方が記されていることから考えると、この時代においてすでに、ヒエログリフが「読めない文字」になりつつあったことが見て取れます。

　『歴史叢書』は、全40巻からなる壮大な歴史書で、一部しか現存しない巻があるものの、古代の神話・歴史・文化に関する豊富な情報を伝えています。記述内容は、紀元前4世紀の歴史家たちの著作に基づいており、独創性については評価が分かれるところですが、それらの先行する著作が失われてしまっているため、ディオドロスの著作は現代において非常に貴重な史料となっています。

ヒエログリフで宇宙の法則を解き明かそうとした哲学者
カイレモン〔ローマ期エジプト〕
Χαιρήμων　（紀元後1世紀）

　カイレモンは、紀元後1世紀のストア派の哲学者であり、エ

ジプトの神官でもありました。彼は特に、ヒエログリフの解釈に関する独特なアプローチで知られています。彼の業績は、古代の知識と哲学的思想の交差点に位置しており、その中でも彼の『ヒエログリュフィカ』（次章で出てくるホラポロンのものとは異なる）は、古代エジプトの象形文字に関する重要な文献の１つとして評価されています。

　カイレモンの『ヒエログリュフィカ』は、ヒエログリフを解読するための文法的エッセイですが、その中で述べられている内容は、現代の解読法とは全く異なるものです。その断片によれば、彼は、ヒエログリフが単なる文字や音声ではなく、深い哲学的・宗教的意味をもつ象徴であると考えていました。彼の著作では、ヒエログリフが伝える神秘的な知識を解き明かそうとする試みが見られ、これはストア派の哲学が影響していると考えられます。

　カイレモンは、ヒエログリフの研究を通じて、ストア派哲学の理念を古代エジプトの神秘主義と結びつけようとしました。彼にとって、ヒエログリフは単なる記述のためのものではなく、宇宙の理を理解する鍵であり、ストア派の自然に対する敬意と合理性を反映していたとされます。古代エジプトの神官が実践していた儀式や信仰体系が、ストア派の倫理観と完璧に調和しているとカイレモンは考えていたようです。

　カイレモンのヒエログリフに対する向き合い方は、後世のエジプト学と神秘主義の研究に影響を与えました。科学的な解読法が確立される遥か以前、正確性には欠けるものの、ヒエログリフに対する斬新な見方を発案し、提示した点で、彼の取り組

みは非常に興味深いものといえます。

古代エジプトの神々をギリシア語で紹介した著述家

プルタルコス〔ローマ期エジプト〕

Πλούταρχος　（後46〜？）

ハルトマン・シェーデル著『ニュルンベルク年代誌』のプルタルコスを描いた挿絵（1493年、インキュナブラ）

プルタルコスは紀元後1〜2世紀の著述家であり、デルフォイのアポロ神殿で神官としても働いていた人物です。彼はその生涯で実に多くの著作を残していますが、古代ギリシア・ローマの人物伝である『対比列伝』が特に有名です。また、エッセーの先駆けとも言われる『倫理論集（モラリア）』でも知られ、その中に含まれる「エジプト神イシスとオシリスの伝説について」は、古代エジプトの神話に関する重要な文献です。

　この著作では、エジプトのイシス神とオシリス神に関連する物語がギリシア語で紹介されています。プルタルコスは、これらの神々の起源、彼らの生涯、そして彼らがもつ象徴的な意味について詳細に説明しています。

　また、プルタルコスはエジプトの神々とギリシアの神々を比

ギリシアのデルフォイにあるアポロ神殿の遺跡

較し、両文化間の類似点と相違点を探求しています。彼は、異なる文化背景をもつ神々がどのように似ているか、または異なるかを分析し、宗教的信仰と神話の普遍性についての洞察を提示しています。

　しかしながら、プルタルコスのエジプトに関する知識は、正確であるとはいい切れません。彼が一度エジプトを訪れた記録は残っているものの、その滞在期間や学んだ内容については詳しくわかっておらず、現地で得た知識かどうか不明です。「エジプト神イシスとオシリスの伝説について」は、当時の一般的な知識を反映しており、書籍やエジプトの神官から情報を得たものと考えられます。エジプトの神々はギリシアやローマを含む他の地域でも早くから受け入れられ、ギリシアのペイライエウスで見つかった碑文から、イシス神の崇拝は紀元前330年以

前にはすでにギリシアにもたらされていたことがわかっていま
す。また、デロス島ではエジプトの神々の神殿が存在したこと
がわかっていますし、プルタルコスの故郷でも、セラピス神、
イシス神、アヌビス神に捧げられた奉納物が見つかっています。
これらのことから、一般的に、当時のギリシアではエジプトに
関するある程度の知識が人々の間で共有されていたと考えられ
ます。

　プルタルコスが利用した別の情報源には、ヘロドトスやシチ
リアのディオドロスのような歴史家の著作がありますが、彼は
これらから少ししか情報を引用していません。プルタルコスの
説明には正確な部分もあれば誤りも含まれていますが、エジプ
ト学者によく参照される重要な著作です。

　なお、彼はエジプトの言葉をギリシア語の語根から説明しよ
うとするなど、現代の観点から見ると非科学的ともいえる試み
もしていますが、これはプラトン（前429頃～前347）やヘロ
ドトスも同様のことをしていたため、当時の社会では特別なこ
とではありませんでした。

　「エジプト神イシスとオシリスの伝説について」は、プルタ
ルコスの最高傑作の1つといえますが、この作品は、知的で教
養ある女性として活躍したデルフォイの神官クレアに捧げられ
ています。

キリスト教の台頭とヒエログリフ理解

　ローマ支配下でのキリスト教の台頭は、古代エジプトや古代

ギリシアの知識の蓄積に対して深刻な影響を与えました。アレクサンドリアの図書館が象徴するような、古代の学問と文化の中心地は、新たな宗教的権威の確立とともにその重要性を徐々に失っていくこととなりました。

キリスト教の成立は、1世紀初頭、パレスチナでのイエスの教えに始まります。イエスの教えは、唯一心境のユダヤ教をバックグラウントとしながらも、無条件の愛（アガペー）、ゆるし、社会的弱者への配慮に重点を置いていました。イエスの死後、彼の弟子たちとほかの支持者たちは、彼の教えと復活を説き、これが初期キリスト教のコミュニティの形成につながっていきます。

紀元前30年、プトレマイオス朝エジプトの女王クレオパトラ7世（在位51～前30）とローマの権力者アントニウス（前83～前30）が、同じくローマの権力者であったオクタウィアヌスに敗れたことで、エジプトはローマ帝国の属州となりました。そのため早くからエジプトにはキリスト教が伝わり、アレクサンドリアは、初期キリスト教の重要な中心地の1つとなって、数多くの学者や神学者を輩出します。

神学者の間には様々な学派がありましたが、アレクサンドリア学派は、神学的、哲学的な議論で知られ、キリスト教神学の発展に大きな影響を与えました。特にオリゲネス（185頃～254頃）やクレメンス（次節で紹介）のような神学者は、キリスト教の教義とヘレニズム哲学の統合を試みました。

当初、キリスト教徒はローマ帝国で迫害の対象となっていました。しかし、313年のミラノ勅令によりキリスト教は公認さ

れ、テオドシウス帝統治下の392年には国教となりました。こ
れにより、キリスト教はエジプトを含むローマ帝国全体で公式
の宗教として広まっていくことになります。特にエジプトでは、
古代から続く豊かな宗教的伝統がキリスト教の影響下で大きな
変化を迫られました。

　キリスト教の拡大とともに、多神教の宗教的慣行や儀式次
第に禁止され、多神教の神殿は閉鎖されるか、キリスト教の教
会に転用されました。多神教の神像や美術作品は破壊されるこ
ともあり、これらの措置は、キリスト教徒による多神教への公
然とした迫害と見なされています。

　特に象徴的な出来事として、アレクサンドリア図書館の閉鎖
とセラペイオンの破壊が挙げられます。これらの施設は学術
的・宗教的な知識の宝庫であり、その破壊は多神教文化へ重大
な打撃を与えました。古代世界の知識と文化の多くが失われる
こととなりました。

　エジプトにおいては、その後、コプト正教会が主要なキリス
ト教の形態として確立されましたが、多神教の伝統と信仰は根
強く残り、長い間、キリスト教と並行して続いていました。し
かし、時間が経つにつれ、多神教への迫害と圧力はさらに強ま
り、多神教は徐々に衰退していきました。

　しかし、この宗教的変革の中でも、古代エジプトの文字、特
にヒエログリフに対する興味がエジプトのキリスト教徒の間で
もある程度共有されていたことが、ナグ・ハマディの近郊で発
見されたグノーシス主義（キリスト教を超えた二元論的な思想
潮流）の文献を多く含むパピルス文書から観察されます。これ

らのパピルス写本群は、ナグ・ハマディ文書と呼ばれています。その中で、特に注目すべきはヘルメスが弟子に対してトルコ石のステラ（石碑）にヒエログリフを用いて教えを記すようにと助言している部分です。キリスト教の浸透とともに変容を遂げつつも、古代エジプトの知識や文化の記憶が完全には消し去られていなかったことをうかがわせます。

　さらに、その後の中世のアラビア語資料、特に錬金術に関する文献を見ると、ヘルメスとヒエログリフの組み合わせは非常に人気のあるテーマであったことがわかります。古代エジプトの知識は中世のイスラーム世界においても関心をもたれ続けていくことになるわけです。

　少なくとも7世紀までは、キリスト教徒の間にヒエログリフの知識がまだ伝わっていたとされ、この関心は後世にも続きました。しかし、一部の教会階層にとって、この関心は懸念の対象となっていたようです。例えば、上エジプトのキリスト教の修道院長シェヌーテ（348〜466）の著作には、ヒエログリフに対する批判が見られます。彼は、ヒエログリフが描かれたものは人々に害を及ぼすと非難し、キリスト教徒としての純粋さを保つためにこれら古代の象徴から距離を置くべきだと主張しました。

　キリスト教の成立とローマ帝国における国教化は、古代エジプトの宗教的・文化的風景に大きな変化をもたらしましたが、古代エジプトの文字や知識に対する興味は、新たな宗教的枠組みの中でも一定程度維持されていたようです。古代エジプトの多神教がキリスト教によって否定されたあとも、古代エジプト

の文化と知識が完全には消え去らなかったことをいくつもの記録が示しています。時代や宗教的背景にかかわらず、古代エジプトの叡智は人々を惹きつける魅力をもっている証しと言えるでしょう。

古代エジプトの知恵の重要性を説いた神学者

クレメンス〔ローマ期エジプト〕

Κλήμης　（150頃〜215頃）

アンドレ・テヴェ著『ギリシア語・ラテン語・スペイン語で描かれた人間の現実と人生』の挿絵にあるクレメンスの想像図（1584年）

　アレクサンドリアのクレメンスは、古代キリスト教の重要な神学者であり、哲学者です。彼はアテネ出身とされ、多文化的な背景をもち、古典的なギリシア哲学や文学に精通していました。その後、クレメンスはアレクサンドリアに移り、そこでキリスト教教理学校で教鞭をとりました。この学校では、後に著名な学者となるオリゲネスなどの学生を教えました。

　クレメンスはキリスト教に改宗した人物で、特にプラトンとストア派哲学から大きな影響を受けていました。彼の主要な著作には、『プロトレプティコス（勧誘）』、『パイダゴゴス（教

師)』、『ストロマテイス（綴織）』があります。これらの作品を通じて、クレメンスはキリスト教の教えと古代ギリシア哲学を統合しようと試み、キリスト教を「真の哲学」として位置づけました。彼は、神学的な問題に取り組む際にも哲学的手法を用い、信仰のより深い理解を追求しました。

　彼は、ギリシア哲学はエジプトの学者たちから多くを学んだと主張し、プラトンやピュタゴラス（前570頃〜前496頃）もエジプトの学者に教えられたのだと述べています。クレメンスは古代エジプトの知識や文化がギリシア哲学に与えた影響を高く評価しました。

　クレメンスの神学的業績は、キリスト教教義の発展において重要な役割を果たしました。彼は、キリスト教の教えと古代ギリシア哲学を調和させることにより、教育された異教徒をキリスト教に引き寄せ、キリスト教徒がヘレニズム文化の中で効果的に信仰を証言できるようにしました。彼の思想は、「真の哲学」がキリスト教であり、「真の知識人」が完璧なキリスト教徒であるとする考えに集約されます。

　クレメンスの著作においては、古代エジプトの文字にも触れられています。彼はエジプトの文字に、今でいうヒエログリフ、ヒエラティック、デモティックに相当する３種類があることを正しく述べています。

　クレメンスは、古代エジプトのヒエログリフに関して、それらが単なる文字や記号を超えた深い意味をもつと考えていました。彼の時代において、ヒエログリフはしばしば神秘的な知識の源と見なされていましたが、クレメンス自身の著作ではヒエ

ログリフの具体的な解釈についての記述は限られています。し
かし、彼が古代エジプトの知識や文化に一定の関心をもってい
たことは、彼の著作から推測することができます。

　クレメンスの思想において、ヒエログリフは知識と真理への
アクセス手段としての潜在的価値をもっているとされていまし
た。彼は、プラトンやピュタゴラスがエジプトで学んだという
認識を引き合いに出すことで、キリスト教徒にとっても古代エ
ジプトの知恵が無視できないものであることを示唆しました。
クレメンスはキリスト教神学において、古代エジプト文字を探
求する道を開いたのです。

　クレメンスがエジプトのヒエログリフに関心をもった背景に
は、アレクサンドリアという多文化的な都市での生活がありま
した。アレクサンドリアは古代世界の学問の中心地の１つであ
り、様々な文化や知識が交差する環境は、クレメンスが多様な
知識に触れる機会をもたらし、彼の学問的な探究において重要
な意味をもちました。

　クレメンスは、キリスト教徒が古代ギリシア哲学や古代エジ
プトの知識を学ぶことで、信仰を深め、より豊かな精神的な生
活を送ることができると信じていました。クレメンスの哲学と
神学は、のちのキリスト教思想に大きな影響を与え、特に中世
のキリスト教神学者やルネサンス期の人文主義者たちによって
引き継がれていくことになります。

プロティノス〔ローマ期エジプト〕
Πλωτίνος　（205頃～270）

　プロティノスは、古代ローマ支配下のエジプトやローマで活躍した古代の哲学者です。彼はネオプラトニズム、すなわち新プラトン主義の創始者として現代の学者たちに認識されています。プロティノスの哲学は、プラトンの思想を発展させるかたちで展開され、のちの西洋哲学に大きな影響を及ぼしました。彼の主著『エンネアデス』は、彼の思想体系の集大成であり、後世の哲学者や神学者に広く読まれています。

　プロティノスの生涯については、彼の弟子であるポルフュリオス（234～305）による伝記が主な情報源です。ポルフュリオスは、プロティノスの生涯や哲学を賞賛する心情を込めて記述していますので、必ずしも客観的な事実のみを記述しているわけではありません。プロティノスはエジプトのリュコポリスで生まれ、若くして哲学への情熱を抱き、アレクサンドリアで哲学者のアンモニオス・サッカス（生没年不詳）に師事しました。その後、哲学をさらに追究するため、ペルシア遠征に参加するも、ローマ皇帝ゴルディアヌス3世（在位238～244）の死により、シリアの中心都市であったアンティオキアへ逃れざるを得なくなりました。

　40歳でローマに移住したプロティノスは、哲学塾を開き、多くの弟子を育てました。彼はローマ皇帝ガリエヌス（在位253～268）とその妃から尊敬され、プラトンの国制を実現するため

の都市「プラトノポリス」の建設を計画しましたが、計画は実現しませんでした。晩年は病に苦しみながらも、哲学の探究を続け、弟子たちに囲まれてこの世を去りました。

　プロティノスの思想は、プラトンのイデア論を基に、「一者（ト・ヘン）」としての神を最高原理とし、万物はこの「一者」から流出したとする「流出説」を展開しました。彼は、美や善、真実が高次の実在であり、人間の魂がこれらと合一することを目指すべきだと説きました。また、プロティノスは美学においても独自の見解を示し、美の根源を神に求め、美しいものへの魂の回帰を説いています。

　プロティノスがヒエログリフについて述べた内容は、ヒエログリフが単なる言葉の記録手段にとどまらず、より深い意味や象徴をもつものであるという見方に基づいています。彼は、エジプトの書記たちが聖なる文章を記す際に、各イデアに対して独自の記号を描くことで、その全ての意味を一度に表現しようとしたと指摘しています。ヒエログリフは直接的な意味伝達の手段を超え、読み手に強い印象を与えるメタファー的な役割を果たすとプロティノスは述べています。

　プロティノスによれば、エジプトの賢人たちは、ヒエログリフを用いることで、言葉による直接的な記述では捉えきれない複雑な概念や神秘的な真理を表現したとされています。彼らは、各ヒエログリフによって具体的な物体やイデアだけでなく、それらがもつ象徴的な意味や宇宙の根源的な原理をも示そうとしたと考えました。

　プロティノスのこの考察は、ヒエログリフを読み解くことに

よって人々が宇宙や神秘に関する深い洞察に到達することができるという彼の哲学的見解を反映しています。彼にとってヒエログリフの研究は、宇宙の真理を探究し、神へと近づくための重要な手段の1つであったといえるでしょう。

プロティノスの影響は、キリスト教神学をはじめ、中世からルネサンス、さらには現代に至るまで多岐にわたります。彼の思想は、ルネサンス期のイタリアで活躍した人文学者マルシリオ・フィチーノ（1433〜1499）によるラテン語翻訳を通じて再発見され、西洋哲学の発展に大きな影響を与えました。

ヒエログリフの翻訳を書き写した軍人歴史家
アンミアノス〔ローマ期レバント地方〕

Αμμιανός Μαρκελλίνος （325／330〜391／400頃？）

アンミアノス・マルケリノスは、古代ローマの軍人であり歴史家でした。彼の最大の功績は、31巻に及ぶ大著『歴史』を著したことにあります。この書物は、のちの歴史家エドワード・ギボン（1737〜1794）をして「偏見や感情に流されない文章で、著者自身の時代を正確かつ誠実に書き記した案内人」と絶賛されるほどの優れた歴史書です。

アンミアノスは、東方のギリシア語圏、おそらくシリアかフェニキアで生まれました。彼は母語のギリシア語に加え、ラテン語にも通じていたと考えられます。若くして軍隊に入ったアンミアノスは、メソポタミアのニシビスで司令官ウルシヌスの下で活躍しました。東方での勤務を経て、一時は皇帝コンス

タンティウス2世（在位337〜361）に仕え、のちに新皇帝となったユリアヌス（在位361〜363）の側近となりました。

　アンミアノスは軍人としての経験を生かし、378年のアドリアノープルの戦いに至るまでの同時代史を克明に記録しました。彼の『歴史』の醍醐味は、生き生きとした筆致で描かれる戦闘場面や政治的事件の数々にあります。例えば、359年にローマ軍の重要拠点アミダが陥落した際の状況などは緊迫感をもって描かれています。

　アンミアノスは異教の信仰をもつ者でしたが、キリスト教に対しても一定の理解を示しました。しかし彼が心酔したのは、皇帝ユリアヌスでした。彼はユリアヌスの治世を理想化し、一方でキリスト教に傾倒したコンスタンティウス2世をやや否定的に捉えました。その点では彼の記述は必ずしも公平とは言えません。

　『歴史』の中で、アンミアノスは国力の衰えゆくローマ帝国の姿を鋭く描き出しました。彼の指摘した問題点は、のちの時代のローマ帝国の命運を予感させるものでした。難解な表現も多いものの、その散文は古代末期の卓抜した文学作品の1つに数えられています。

　アンミアノスはヒエログリフの解読を直接手がけたわけではありませんでしたが、ローマのオベリスクに刻まれたヒエログリフの翻訳を書き写しています。しかしその翻訳の出来は芳しくなく、ヒエログリフ解読の進展にはつながりませんでした。

　アンミアノスは380年頃からローマに住み、『歴史』の執筆に専念しました。没年ははっきりしませんが、391年以降と見

られています。31巻のうち前半13巻は散逸し、353年から378年までを扱う後半18巻のみが現存しています。それでもなお、4世紀ローマ帝国の興亡を知る上で欠くことのできない史料となっています。

　軍人としての豊富な経験と知識を携え、洞察力に優れた筆致で同時代のローマ帝国の実相を活写したアンミアノス・マルケリノス。その大著『歴史』は、古代末期の歴史叙述の最高峰の1つとして、今なお多くの読者を魅了してやみません。

最後のヒエログリフとデモティック

　第1部でも触れましたが、エジプト最南部、アスワン近くのフィラエ島にあるイシス神殿に残された394年のグラフィート（岩面に刻まれた文字や絵）は、現存する最後のヒエログリフとして注目されています。このグラフィートは、アセトメジュアケム（エスメトアコム）という名の人物によって刻まれました。この神殿は、古代エジプト宗教の継続を象徴する重要な場所であり、その中でこのヒエログリフが残されたことは、古代エジプト文化の最後の息吹を示しています。

　また、同じイシス神殿には、452年に残された最後のデモティックの記録もあります。このデモティックによる筆記が、エジプトの古代文字が使われた最終的な年月を示しており、以降はキリスト教とイスラーム教の拡大により、これらの伝統的な文字は使われなくなりました。最後のヒエログリフとデモティックの記録は、エジプト文化と言語の千年以上にわたる変

遷の最後のかたちを示しており、考古学者や歴史学者にとって
貴重な研究の対象となっています。

イシス神殿の位置
アスワーン・ダム建設の影響により、
1980年にイシス神殿はアギルキア島へ
移設され、その島が新たにフィラエ島と
呼ばれるようになった

　フィラエ島のイシス神殿に残されたこれらの記録は、古代エ
ジプト文明の終焉を告げる歴史的なシンボルとして重要です。
これらの文字は、19世紀にシャンポリオンによって解読され
るまで、その意味が忘れ去られたものとなります。
　そして、失われた知識の復活に向けて、実に多くの人々の解
読への挑戦が始められることになっていきます。

アセトメジュアケム（エスメトアコム）のグラフィート
（Olaf Tausch CC BY 3.0）

フィラエ島のイシス神殿（Roland Unger CC BY-SA 3.0）

第2章

中世における研究

　古代末期は、歴史上、転換期とされる時代であり、特に395年のローマ帝国の東西分裂はこの時代の重要な出来事の1つです。それは、政治的・社会的・経済的な変化をもたらし、西洋史における大きな転換点となりました。この時代は、古代文明の衰退と中世の始まりをつなぐ架け橋として、多くの歴史家や学者によって研究されています。

　ローマ帝国は、その広大な領土を統治するため、多くの困難に直面していました。3世紀の危機として知られる時期には、経済的な困難、外敵による侵攻、内部の政治的不安定など、複数の問題が同時に起こりました。これらの問題に対処するため、284年にディオクレティアヌス帝（在位284～305）が即位すると、彼はローマ帝国を安定させるための根本的な改革を行いました。その一環として、帝国は東西に分割され、共同統治のシステムが導入されました。これにより、統治の効率性が向上し、帝国の防衛体制が強化されました。

　しかし、この東西分裂は、次第に帝国内の統一性を損なう結果となりました。西ローマ帝国は、5世紀に入るとゲルマン民族の侵入により次々と領土を失い、476年には最後の皇帝ロムルス・アウグストゥルス（在位475～476）が退位することで事実上の滅亡を迎えました。これにより、西ヨーロッパはゲルマン民族の王国に分裂し、中世ヨーロッパの基盤が形成されて

いきました。

　一方、東ローマ帝国は、首都コンスタンティノープルを中心に、その後も約千年間存続しました。この帝国は、コンスタンティノープルの旧名であるビュザンティオンにちなんでビザンツ帝国とも呼ばれます。ビザンツ帝国は、ギリシア文化とキリスト教の伝統を保持し、中世のヨーロッパやイスラーム世界と交流をもちながら、古代ローマの遺産を守り続けました。この帝国は、1453年にオスマン帝国によって滅ぼされますが、その頃までが中世とされています。

　本章では、完全にヒエログリフの知識が失われて以降、どのように古代エジプトについての研究が展開していったのかについて紹介します。研究の中心が、ギリシア世界からイスラーム世界へと移っていったのがこの時代の特徴です。

ビザンツ帝国によるエジプト支配

　395年のローマ帝国の分裂によってビザンツ帝国が成立し、エジプトはその一部となりました。エジプトは穀物生産の中心地であり、首都コンスタンティノープルへの食糧供給の要だったため、ビザンツ帝国は、エジプトを重要な領土と見なしていました。

　ビザンツ帝国の統治下で、エジプトは独自の行政区画をもち、地方総督が治安と秩序を保持していました。しかし、この時期には特に宗教政策が顕著でした。ビザンツ帝国はキリスト教の正統派を支持し、異端と見なされる宗派に対しては弾圧行動を

西ヨーロッパ（W）／ビザンツ帝国（B）	イスラーム政権
374 W フン人、ゴート人にせまる	
375 W 西ゴート人、南下開始	
376 W 西ゴート人、ローマ領内に侵入	
379 B テオドシウス帝即位（～395）	
395 B ローマ帝国、東西に分裂	
410 W 西ゴート人、ローマ市を略奪	
418 W 西ゴート人、ガリア西南部に建国	
429 W ヴァンダル人、北アフリカに建国	
431 B エフェソス公会議	
449 W アングロ＝サクソン人、大ブリテン島に渡る	
451 W カタラウヌムの戦い、B **カルケドン公会議**	
452 W 教皇レオ1世、フン人の王アッティラを説得	
476 W 西ローマ帝国滅亡	
481 W クローヴィス、フランク王に即位	
（メロヴィング朝開始）	
493 W 東ゴート人、イタリア半島に建国	
496頃 W クローヴィス、アタナシオス派に改宗	
527 B ユスティニアヌス大帝即位（～565）	
534 B ビザンツ帝国、ヴァンダル王国を滅ぼす	
・ローマ法大全	
555 B ビザンツ帝国、東ゴート王国を滅ぼす	
568 W 北イタリアにランゴバルド王国建国	**570頃 ムハンマド、生まれる**
590 W 教皇グレゴリウス1世就任（～604）	
610 B ヘラクレイオス1世即位（～641）	
・ギリシア語公用語化	
	622 ヒジュラ（聖遷）
	632 アブー・バクル、初代カリフとなる
	636 ヤルムークの戦い（ビザンツ軍を破る）
	642 エジプト征服
	656 アリー、第4代カリフとなる
	661 ウマイヤ朝成立
711 ウマイヤ朝、西ゴート王国を滅ぼす	
717 B レオン3世即位（～741）	
・ビザンツ帝国、ウマイヤ朝を撃退	
732 トゥール・ポワティエ間の戦い	
（フランク王国、ウマイヤ朝を撃退）	
	750 アッバース朝成立
751 W ピピン、フランク王に即位（～768）	**751 タラス河畔の戦い**
（カロリング朝開始）	**（唐の軍を破る）**
867 B バシレイオス1世即位（～886）	
・ビザンツ文化最盛期	

ローマ帝国分裂以降の主な出来事

行っていたのです。これには、451年のカルケドン公会議で異端とされたコプト正教会との対立も含まれており、ビザンツ帝国の宗教的統一を図る試みは、多くの緊張と抵抗を引き起こしていました。

　一方、ビザンツ帝国の支配下で、エジプトは文化的・経済的な発展を遂げたという側面はあります。アレクサンドリアは、学問と交易の中心地として栄え、ヘレニズム文化とオリエント文化が融合する場となりました。ただ、農村部では重税に苦しむ農民も多く、不満がくすぶっていました。

　そのような状況の中、主にヘレニズム文化を引き継ぐ知識人たちやコプト・キリスト教徒たちの間でヒエログリフについての関心は持ち続けられ、時に批判の対象とされながらも、研究や解読の試みが続けられました。それがその後の時代に、ヨーロッパやイスラーム世界に影響を与えていくことになります。

キリスト教の分裂

　ここで、コプト正教会について少し説明をしておきます。ビザンツ帝国の統治下において、エジプトなどではキリスト教徒同士で宗教的な軋轢が起こったのですが、そのきっかけとなったのはカルケドン公会議でした。

　カルケドン公会議は、451年に現在のトルコのイスタンブール近郊のカルケドンで開催されたキリスト教の公会議です。この会議は、キリストの神性と人間性の関係に関する論争を解決するために召集されました。公会議の結果、キリストは「完全

な神かつ完全な人間」として認識され、神性と人間性が「混ざり合わず、分けられず、変えられず、分離されず」1つの存在にあると定義されました。これは「両性論」（デュオフィジティズム）として知られ、正統的キリスト教教義の一部となりました。

　中東地域で公会議の決定を支持したキリスト教徒はメルキト派と呼ばれるようになりました。「メルキト」とはアラビア語で「王の者」を意味する言葉ですが、カルケドン公会議の決定を受け入れたキリスト教徒を指します。彼らはビザンツ帝国の支配下で、カルケドン公会議に基づくキリスト教の正統性を保持しました。

　一方、エジプトのキリスト教徒の多くはカルケドン公会議の決定を拒否しました。彼らはキリストの神性と人間性が「1つの性質」に統合されているとする「合性論」（ミアフィジティズム）を支持していました。この教義は、キリストの2つの性質が別々に存在するというカルケドン公会議での定義と対立しました。このため、カルケドン公会議を受け入れなかったエジプトのキリスト教徒は「非カルケドン派」と見なされ、「コプト正教会」として独自の道を歩むことになります。また、「両性論」を信じるカルケドン派は、「合性論」を、それ以前の会議で異端とされた、キリストの神性が人性を吸収して1つになったとする、エウテュケスの「単性論」（モノフィジティズム）と同じものだと見なして非難しました。しかしながら、非カルケドン派正教会の1つであるコプト正教会は、自分たちが支持しているのは「単性論」ではなく「合性論」だと公称しています。

　カルケドン公会議による決定は、エジプトのキリスト教世界

における深刻な分裂を引き起こしました。メルキト派とコプト正教会（合性論派）の間の対立は、宗教的・文化的な違いを生み出し、今日に至るまで分裂が続いています。特に、エジプトのコプト正教会は、独自の宗教的アイデンティティと文化を保持し続けています。

京都府木津川市にある、聖母マリア・聖マルコ・日本コプト正教会の「最後の晩餐」のイコン　日本でもコプト正教会の礼拝は行われている（筆者撮影）

ヒエログリフを魔術的な記号と解釈する書物を残した謎の人物
ホラポロン〔ビザンツ期エジプト〕
Ὡραπόλλων　（５世紀）

　ビザンツ帝国初期の５世紀に活躍したホラポロン（ホラポロ、

ホーラポッローンとも）と彼の著作『ヒエログリュフィカ』は、ヒエログリフに関する当時の学術的な理解とヨーロッパでの受容のされ方を知る上で重要な位置を占めています。この本は、ヒエログリフを解読しようとするヨーロッパ人にとって無視できない参考文献となりましたが、その内容はのちの研究で誤りであることが明らかにされています。ホラポロンの解釈はヒエログリフを神秘的・象徴的なものと見なし、実際の音声的価値や文法的構造を無視したものでした。

　ホラポロン自身の生い立ちや生涯は謎に包まれていますが、10世紀頃の東ローマ帝国で編纂された百科事典である『スーダ』では、2人のホラポロンが紹介されています。1人目のホラポロンは、テオドシウス2世（在位408〜450）の治世で活躍した文法学者です。彼は劇作家でもあったようです。2人目のホラポロンは、アレクサンドリア近郊のメヌティスにあるエジプト神官学校の最後の指導者の1人として言及されています。彼はキリスト教徒による迫害を逃れるため、一時期逃亡したとされ、その後捕らえられ、拷問の末にキリスト教に改宗したと伝えられています。『ヒエログリュフィカ』の作者であるホラポロンは、この2人のうちの1人か、または別の人物か、明らかではありません。

　『ヒエログリュフィカ』は2冊からなり、合計189のヒエログリフの説明が含まれています。この作品は、長い間忘れ去られていましたが、1419年にギリシアのアンドロス島で再発見され、イタリアのフィレンツェに持ち込まれました。そして、ルネサンス期にヨーロッパの人文主義者の間で非常に人気を博

し、1505年に最初の印刷版が出版されました。

『ヒエログリュフィカ』は、自然現象や道徳的側面を象徴するためにファラオの書記たちが約200のヒエログリフを使用したと説明し、それぞれを寓意的な象徴としての解釈で紹介しています。この作品は、16世紀から19世紀にかけての西洋の象徴表現に多大な影響を与えました。例えば、宇宙が自分の尾を飲み込む蛇によって表される理由や、子どもへの愛情がコウノトリによって表される理由、教育が露を落とす天によって表される理由、そして占星術師が砂時計を食べる人によって表される理由などを説明しています。

ルネサンスの象徴学における「ヒエログリフ」の概念は『ヒエログリュフィカ』の出版によって大いに広まり、ヨーロッパの文化にも取り入れられていきました。

ホラポロンの『ヒエログリュフィカ』は、古代エジプトのヒエログリフを理解する上での1つの視点を提供しましたが、その解釈は現代のエジプト学では部分的にしか支持されていません。しかしこの著作は、イタリアの思想家フィチーノなど、ルネサンス期のヨーロッパの知識人に影響を与え、古代エジプトに対する関心を大いに高めたという点ではとても意味のあるものだったといえそうです。

ただ、ヒエログリフを魔術的・象徴的に捉えるというホラポロンの誤解は、ヨーロッパにおける古代エジプト文字研究の方向性を大きく歪めました。ヨーロッパの学者たちはヒエログリフを、言語的な要素よりもむしろ神秘的・魔術的な記号として解釈し続け、その結果、実際のヒエログリフの音声的側面や言

語学的構造の理解に至ることができませんでした。

　シャンポリオン以前のヨーロッパにおける古代エジプト観は、ギリシア語の文献に大きく依存していましたが、『ヒエログリュフィカ』の例のように、その情報は多くの場合、現代の科学的なエジプト学の知見とは全く異なるものでした。特にヒエログリフの解釈における誤った理解は、古代エジプト文明の真の理解への道を遠ざける要因となりました。ただ、当時の学者たちの努力はヒエログリフ解読へのスタートとなる取り組みであり、古代エジプト文明の理解を進める上での重要な一歩であったともいえます。

イスラーム教の成立とエジプト征服

　ビザンツ帝国によるエジプト支配は、7世紀初頭にイスラーム勢力の台頭によって終焉を迎えます。642年にアラブ人によるエジプト征服が完了し、ビザンツ帝国の影響力はこの地から消え去ることとなります。この征服により、エジプトはイスラーム勢力圏の一部となり、キリスト教からイスラーム教への宗教的移行が進んでいきました。

　イスラーム教は7世紀初頭、アラビア半島の西部地域、特にメッカとメディナ周辺で成立しました。当時のアラビア半島は、多神教や異なる宗教の信仰が混在する多様な社会でした。この地域の社会構造は部族制度に基づいており、商業活動も盛んでした。

　イスラーム教の創始者は預言者ムハンマド（570頃〜632）

です。彼はメッカで生まれ、40歳の時、神（アッラー）から啓示を受けたと主張しました。これらの啓示はのちにクルアーン（コーラン）として編集され、イスラーム教の聖典となりました。ムハンマドは、自分がアブラハム、モーセ、イエスなどの一連の預言者に続く、最終かつ最大の預言者であると主張しました。

　当初、ムハンマドの教えはメッカの支配層から反発を受けていました。そのため622年に彼と彼の支持者たちはメッカからメディナへ移住しました。この出来事は「ヒジュラ（聖遷）」と呼ばれ、イスラーム暦の起点となりました。その後、メディナでのムハンマドの活動は成功し、多くの支持者を獲得しました。そして、イスラーム勢力はメッカを征服し、さらには、アラビア半島の約半分をも飲み込みました。

　イスラーム教の基本教義は、唯一神（アッラー）への信仰告白（シャハーダ）、日々の祈り（サラート）、断食（サウム）、貧困者への施し（ザカート）、そして生涯に一度のメッカ巡礼（ハッジ）です。これらは「イスラムの五柱」と呼ばれ、全てのムスリム（イスラーム教徒）に求められる基本的な宗教的義務とされています。

　ムハンマドの死後の正統カリフ時代に、イスラーム教の勢力はアラビア半島外にも拡大を続け、ウマイヤ朝時代には、その支配は、中東、北アフリカ、一部のヨーロッパ地域にまで及びました。エジプトも、第2代正統カリフであるウマル・イブン・アル゠ハッターブ（在位634〜644）の治世下に、武将アムル・イブン・アル゠アース（583〜664）率いるイスラーム

帝国軍によって征服されました。

イスラーム帝国の拡大

　エジプト征服の背景には、イスラーム帝国の拡大政策と戦略的な目的がありました。アラビア半島を統一したあと、イスラーム帝国はさらなる領土の拡大を目指し、貿易ルートの確保や宗教的な使命感から中東地域へと進出しました。エジプトはその豊かな文化と経済、ナイル川を通じた農業の利益など、多くの魅力をもつ地域であり、イスラーム帝国にとって重要な目標の1つでした。

　イスラーム帝国の軍は、ビザンツ帝国軍との一連の戦闘を経てエジプトを征服しました。エジプトの征服は比較的迅速に進み、ビザンツ帝国による統治へのコプト・キリスト教徒による反感もあって、エジプトの人々の間には新しい支配者に対する

支持もあったとされます。イスラーム帝国の指導者たちは、征服された地域の住民に対して比較的寛容な政策を採用し、これが平和的な移行を促進した要因の1つとなりました。

　イスラーム帝国によるエジプトの征服以降、イスラーム教の導入と、支配階級から民衆へ徐々に浸透して14世紀に急進化するアラビア語の普及は、エジプトの社会的・文化的構造に大きな変化をもたらしました。エジプトはイスラーム世界でも重要な位置を占め、その後の歴史において中東と北アフリカにまたがる広範なイスラーム帝国の中心的な役割を果たすことになります。

　イスラーム帝国の支配下での宗教的・文化的変化は、コプト・キリスト教徒に大きな影響を与えました。彼らはジズヤと呼ばれる特別な人頭税を支払うことにより、自身の宗教を続けることが許されました。しかし、イスラーム教の広がりとともに、徐々に多くのエジプト人がイスラーム教に改宗しました。この過程は、エジプト社会における宗教的な大変動をもたらすことになり、現在のエジプトの宗教的構成にまで影響を与えています。

　イスラーム帝国による征服は、歴史上の重要な転換点の1つであり、その結果として生じた経済的・社会的変化は、エジプトだけでなく、広範な中東・地中海地域全体においても長期にわたる影響を与えました。この変革の期間中、エジプトはイスラーム世界内で農業と貿易の中心地としての役割を確立しました。ナイル川のもたらす肥沃な土地は、農業生産の強固な基盤を提供しました。この自然の恵みにより、エジプトは穀物・野

菜・果物などの生産において、イスラーム帝国内外への供給源となりました。また、地中海と紅海を結ぶ戦略的な位置は、エジプトを交易と商業の中心地へと変貌させ、アフリカ、アジア、ヨーロッパをつなぐ貿易ネットワークの要として機能させました。

　イスラーム帝国の拡大に伴い、エジプトはシルクロードと呼ばれる陸と海の交易路双方で重要な拠点となりました。この交易路を通じて、絹・香料・宝石・金などの貴重品が運ばれ、エジプトの商人たちは豊かな商業活動を展開しました。この結果、エジプトの経済は大きく繁栄し、イスラーム帝国全体の経済力を支える重要な柱の1つとなりました。

　イスラーム帝国による統治下で、新しい宗教的・言語的アイデンティティの形成がうながされ、エジプトの伝統とイスラーム文化は互いに影響を与え合い、独自の融合文化を生み出していきました。

　そうした中で、ヒエログリフの解読にも新たな挑戦が続けられることになります。

ピラミッドの文字を翻訳したとされるアラブの知者

イブン・マスラマ〔アッバース朝〕

Ayyūb ibn Maslama　（9世紀）

　イスラーム帝国において、何人かの学者や探検家などがヒエログリフの謎に挑みました。アイユーブ・イブン゠マスラマに関する記述では、彼が831年にエジプトを訪問し、ピラミッドに刻まれたテキストの翻訳を行ったことが記されています。こ

の翻訳活動は、アッバース朝の第7代カリフであるアル゠マア
ムーン（在位813〜833）の要請に基づくものでした。イブン・
マスラマがこれらの文書をどのように翻訳したかの詳細は不明
ですが、彼がヒエログリフ解読において特殊な知見を有してい
たことは確かです。地理学者アル゠イドリースィー（1100〜
1165）が述べるには、もしピラミッドの記述がギリシア語や
シリア語であったならば、カリフはアイユーブ（イブン・マス
ラマ）のような特別な技能をもつ人物を求める必要はなかった
とのことです。その記述から察するに、イブン・マスラマが特
にヒエログリフの理解と翻訳の才能を有していたことがうかが
えます。しかしながら、イブン・マスラマの著作は残っておら
ず、ヒエログリフをどの程度読めていたのかはわかりません。

ヒエログリフについて表音文字の存在を指摘したイラクの学者

イブン・ワフシーヤ〔中世イラク〕

Ibn Waḥshīyya　（10世紀初頭）

　イブン・ワフシーヤの著作は、中世アラブ世界におけるエジ
プト文字研究において非常に重要な資料とされています。彼は
10世紀にイラクで活躍したナバテア人の学者であり、特にヒ
エログリフに対する深い分析と記述を行いました。イブン・ワ
フシーヤの研究は、彼がズー・アル゠ヌーン（コプト語を母語
としていたと考えられる）の弟子であるアル゠アクミーミーと
の文通を通じて得た知識に基づいています。この研究により、
異なる80種類以上の文字についての説明が示されました。

　彼の著作は現在、3つの主要な写本が知られており、それぞれが異なる場所で保管されています。最初の写本はマルタで購入され、のちにアタナシウス・キルヒャー（次章で紹介）によって使用されました。2つ目の写本はテヘランのシパフサーラール図書館に所蔵されており、3つ目はオーストリアの歴史学者ヨーゼフ・フォン・ハンマーがカイロで購入し、1806年にロンドンでアラビア語テキストと英訳を含むかたちで出版したものです。ハンマーの原稿の現在の所在は不明であり、英訳版を見つけることは困難ですが、キルヒャーが使用した1つ目の写本がパリの国立図書館に保管されています。

　イブン゠ワフシーヤの研究成果は、各文字の起源と意味を詳細に解説しています。特に、彼が正確に同定した38のヒエログリフは、中世アラブの学者たちがアクセスできる神殿で使用されていた、ギリシア・ローマ時代のヒエログリフに基づいていると考えられます。彼の研究は、象形文字と表音文字の区別を明確に提示し、アルファベットとしての用法を含む、ヒエログリフの複雑な文字体系の理解を深めるものでした。

　彼は『ナバテア人の農業書』を含む多数の著作を残しました（別人という説もあります）が、これらは古代メソポタミア文明に対する賞賛とアラブ征服者への批判を含む内容で、アラブと非アラブの平等を訴えたシュウービーヤ運動の一環と見なされています。『秘密の文字に関する狂気の恋人の欲望の書』など、エジプトのヒエログリフを含む様々な古代文字に関する作品も著しています。これらの作品は、ヒエログリフのいくつかの文字に正確な音声価値を与えたともされていますが、その正

確性については疑問視されています。

イブン・ワフシーヤによるヒエログリフの音価　ヒエログリフの下に対応するアラビア語が示されている。(パリ国立図書館蔵：MS Arabe 6805のfol 93a)

コプト語との比較でヒエログリフに挑戦したアラブの錬金術師
アブー・アル＝カーシム〔マムルーク朝エジプト〕
Abū Al-Qāsim Al-ʿIrāqī　（14世紀）

　中世アラブでの古代エジプト文字の解読に関する試みは、アブー・アル＝カーシム・アル＝イラーキーの著作にも見て取れます。

　14世紀のエジプトにおいてアブー・アル＝カーシムは、その学術的探究心によって、古代エジプトの文化と言語に関する深い洞察を提供した学者でした。この時代は、特に古代の謎に光を当てようとする研究が盛んに行われていた時期であり、ア

ブー・アル゠カーシムはヒエログリフについて表音文字としての可能性を探究しました。

　彼はイラク出身の学者であり錬金術師で、エジプトで生活していました。彼の著作が古代エジプトの記号やヒエログリフで満たされていることは注目すべき点です。これらの記号やヒエログリフは、おそらく錬金術的なつながりで使用されたものと考えられます。彼の著作には、非常に重要な古代エジプトの象徴であるウロボロス（自らの尾を食べる蛇）も含まれています。これは永遠と再生の象徴として、古代エジプトだけでなく、中世のアラビア語およびラテン語の錬金術の著作においても非常に強力なシンボルとして取り扱われました。

　また、アブー・アル゠カーシムは『七つの気候の書』という著作を残していますが、その写本が18世紀にも作られており、大英図書館で見ることができます。その内容からは、エジプトが失われた知恵の源泉であるという長年にわたる信念に基づいた、ヒエログリフに対するアラブ人の関心がうかがえます。

　この書物の内容は、ヒエログリフをふんだんに用いて、錬金術の過程を説明したものとなっており、当時の学者たちがヒエログリフを通じて、失われた知恵や秘密を解き明かそうとしていたことが見て取れます。ただ実際は、古代のファラオを顕彰した記念碑のヒエログリフなどが全く異なる解釈をされて、無理矢理錬金術の説明に使われているようなかたちで、現在から見ると荒唐無稽なものですが、当時はそれが間違いだとはわかりようがありませんでした。

　そうした一面もありつつ、アブー・アル゠カーシムの研究は、

イブン・ワフシーヤなどに続いてヒエログリフの表音文字的側面を深く掘り下げ、これら古代の記号が実際に言語の音声を記録する機能も備えた複雑なシステムの一部であることを示唆する成果も残しています。彼の仕事は、ヒエログリフを絵文字ではなく、音声を伝える手段として理解することを可能にし、この視点はエジプト学の分野における新たな方法論として受け入れられました。

　また、アブー・アル＝カーシムは、コプト語と古代エジプト語、特にヒエログリフとの関連性にも焦点を当てました。コプト語は古代エジプト語の後継言語であり、彼の時代にもエジプトの一部で使われていました。彼は、コプト語とヒエログリフの比較を通じて、古代エジプト語のさらなる理解を追究しました。この比較研究は、ヒエログリフの解読に至る正しいアプローチの先駆けとして、のちの学者たちに新しい方法論と視点をもたらしました。

　彼はまた、ヒエログリフのいくつかを正確に写し取り、書き手の違う別々の文書同士で同じ文字がどれなのか正しく同定することに成功しました。彼の著作では、ヒエログリフの符号のリストとその音価が示され、これがヒエログリフの解読における重要なステップとなりました。彼は、音声を正確に反映するヒエログリフの象形文字をいくつか特定しました。このような成果は、古代エジプト語の正しい発音を確立しようとする試みにおいて、非常に価値があります。

アブー・アル＝カーシムによるヒエログリフの符号リスト
（Abu Al-Qasim, *Al-Aqalim*: fol 22a.）

　アブー・アル＝カーシムの研究は、ヒエログリフに関する表音文字的解釈の分野で先駆的な業績を残しました。ヒエログリフを象徴的に捉えることが主流であった時代において、彼の仕事は、その後のヒエログリフ解読の進展に向かう大きな一歩であったといえます。

コプト語の衰退

　14世紀のエジプトでは、社会的・文化的に大きな変化が起こっていました。この頃、エジプトでは民衆レベルにおいてもアラビア語の使用が急速に広まり、これにより言語的風景が大きく変容しました。アラビア語は政治的・社会的・宗教的なコミュニケーションの主要言語として定着しました。一方、この言語的変化は、コプト語を母語とするコミュニティにとって大きな危機をもたらしました。

　アラビア語の広まりは、文化的・言語的な同化の圧力を生み出し、コプト語話者の間で自身の文化と言語の維持に対する懸念を引き起こしました。コプト・キリスト教徒たちは、この危機に対処するために、文化および言語の保存に向けたさまざ

な取り組みを展開していきます。これには、宗教文書や文学作品のコプト語での維持・記録、コプト語教育の継続、そしてコプト語の宗教的・文化的役割の強化などが含まれます。

　しかし、文化的・言語的同化の圧力は強力であり、コプト語の使用は次第に限定された宗教的な範囲へと縮小していきました。14世紀を通じて、アラビア語はエジプト社会の主要言語としてその地位を固め、コプト語は主に宗教的な儀式や特定のコミュニティ内でのコミュニケーションに限定されるようになりました。この言語的転換は、エジプトにおける文化的なアイデンティティの変化をもたらし、言語が文化的アイデンティティと社会的結束にどのように影響するかを浮き彫りにした事例でもあります。

　この時代のコプト・キリスト教徒の取り組みは、文化と言語の保存に対する彼らの強い意志を示しています。彼らは、アイデンティティの基盤としての言語の重要性を認識し、後世にそれを伝えるための努力を惜しみませんでした。しかし、言語的状況の変化は避けられない社会的現象であり、コプト語の役割の変化は、決定的となっていきました。

コプト語の詳細な文法書を残したコプト正教会の司教
クースのアタナシオス〔マムルーク朝エジプト〕
Athanāsiyūs (Qūṣ)　（14世紀）

　14世紀のエジプトは、文化と言語の大きな変革期を迎えていました。この時代、アラビア語を話す人々が増えるにつれて、

長い歴史をもつコプト語は急速に使用されなくなりつつありました。この変化により、コプト語を研究し、保存する必要性が高まりました。

　この重要な時期に、クースのアタナシオス（アサナースィュース）という人物が登場します。彼はコプト正教会の司教かつ修道士で、上エジプトおよび下ヌビアのコプト正教会の指導者として知られ、アラビア語とコプト語の両方で作品を書きました。彼の作品には神学、コプト語文法、そして詩がありますが、執筆で主に使われた言葉はコプト語のサイード方言でした。彼は、コプト語文法に関する重要な著書『解釈の科学における作文の首飾り』をアラビア語で書きました。この文法書は、コプト語の規則を体系的にまとめたもので、その後の言語学の研究に大きな影響を与えました。

　アタナシオスの生涯についての多くの情報は『解釈の科学における作文の首飾り』から得られています。彼はナイル川の右岸にあるカムラで、司祭であるサリブの息子として生まれました。その後、ナイル川の左岸にあるマール・ボクトル（マール・ブクトゥル）の修道院に入り、ガブリエルという人物のあとを継いでクースの要塞都市の司教となりました。1371年から1372年には、ティモテオスがカスル・イブリームの司教として行った叙任式に参加し、1374年には当時のアレクサンドリア教皇（コプト正教会教皇）ガブリエル4世の下で聖油（ミロン）の調合にかかわって上エジプトの典礼についても書きました。

　アタナシオスの『解釈の科学における作文の首飾り』は、コプト語サイード方言で元々書かれましたが、ボハイラ方言の

『解釈の科学における作文の首飾り』の158ページ
（近代の手書き翻刻の出版）

バージョンも存在します。彼はこれらがコプト語のただ２つの生き残りの方言であり、バシュムール方言は彼の時代には絶滅していたと記録しています。これはバシュムール方言に言及した最初の例ですが、この方言は現存するコプト語テキストでは確認されていません。

　コプト語には、主に６つの大きな方言がありますが、その中でも特によく使用されたのは、サイード方言（サヒド方言）とボハイラ方言（ボハイル方言; べヘイラ方言）です。サイード

方言は、4世紀にはコプト語の共通語の地位を確立し、さまざまなキリスト教文献がこの方言で書かれたり、翻訳されたりしました。一方、ボハイラ方言は、もとはカイロから北西に離れた砂漠に位置し、権威ある修道院群があるワーディ・エル゠ナトルーン（ワーディー・アル゠ナトルーン）周辺の方言でしたが、11世紀にコプト正教会の総主教庁がアレクサンドリアからカイロに移転したことで、ワーディ・エル゠ナトルーンの修道院群の影響力が強まり、コプト語の共通語的地位を獲得しました。現在、コプト正教会の典礼で用いられているのはこのボハイラ方言です。

　同書は、サイード方言を扱った文法書であり、彼は自らのサイード方言文法に対するコメント（シャーハ）も書きました。また、サイード方言とアラビア語の辞書（スッラム）も彼によって著されています。エル・マルグ（アル・マルジュ）の司教ガブリエルによって提供されたサイード方言での聖油の典礼の記述は、独特な上エジプトの典礼の最新の記述の1つです。

　また、アタナシオスは1365年から1378年の間に詩も残しました。サイード方言で書かれた長い詩『トリアドン』の作者である可能性があり、この詩はアラビア語訳とともに1つの写本で残っています。この詩の作者は上エジプトの修道士として自らを記述し、母国語の適切性を示すために下エジプトに移動したと述べています。

　アタナシオスの神学作品には、洗礼に関する論文と使徒規則からの100の質問の形式の別の論文が含まれます。

　13世紀から14世紀のコプト・アラビア文学の黄金時代で最

後期に名前が挙げられるのがアタナシオスです。彼の活動範囲とサイード方言の選好は、マムルーク朝下でコプト語文化の重心が南へ移動していったことを代表しています。彼自身の文法に対するシャーハは、1778年のラファエル・トゥキ（ラファーイール・アッ゠トゥーキー：第5章で言及）による『Rudimenta Linguae Coptae sive Aegyptiacae ad Usum Collegii Urbani de Propaganda Fide（信仰宣布のためのウルバヌス大学での使用のためのコプト語すなわちエジプト語の基礎）』の主要な情報源となりました。

　クースのアタナシオスは、上エジプトのコプト教徒にとって厳しい時期の指導者であり、言語学、神学、そして詩を通じてその文化保全に大きな貢献をしました。彼の作品は、サイード方言の理解と保存にとって貴重な資源であり、コプト語研究の基礎を築きました。

　また、アタナシオスの著作は、アラビア語とコプト語の間の文化交流の素晴らしい例を示しています。彼の文法書は、コプト語を学ぶアラビア語話者にとっても貴重な資料となり、その点においてもコプト語の保存と研究に貢献しました。

　しかし、アタナシオスはコプト語と古代エジプトのヒエログリフとの関連性に気づいていませんでした。彼はあくまで、コプト語文化の保全を目指して様々な著作を残したにすぎず、彼自身はヒエログリフの解読に取り組んだわけではありません。ただ、彼の残したコプト語の研究が、その後の時代にヨーロッパへ渡り、図らずもヒエログリフの解読につながっていくのです。

　17世紀になって、ドイツ出身のイエズス会士アタナシウス・キルヒャー（次章で紹介）が『解釈の科学における作文の首飾り』を手に入れました。これがヨーロッパでの本格的なコプト語研究の始まりとなり、キルヒャーはコプト語がヒエログリフを使用した言語の末裔であるという確信をもつに至ります。

　このように、アタナシオスの著作は時間を超えて後世に影響を及ぼし、コプト語の研究とヒエログリフ解読への道を拓くきっかけとなりました。

第 3 章

近世・近代における挑戦

　中世のヨーロッパではキリスト教が大きな権威をもって教義に反する考え方などを抑えてきましたが、十字軍の失敗やペストの流行などを経て、その権威にかげりが見えようになると、イスラーム世界で保存・継承されていた古代ギリシア・ローマ時代の知識が改めてヨーロッパで見直されるようになり、長く停滞していた学問なども新たな進歩を見せるようになります。ルネサンス、宗教改革、大航海時代などを経験していくなか、様々な分野で、より科学的に物事を考えていこうという方向へ、ヨーロッパ社会全体が転換していきました。

　ヒエログリフについての研究も同様に、資料に基づく科学的な方法論が次第に主流となっていきます。本章では、そうした転換期にヒエログリフ解読へ取り組んだ人々を紹介します。

コプト語とヒエログリフの密接な関係に気づいた多才な学者
キルヒャー〔ドイツ〕
Athanasius Kircher　（1602～1680）

　アタナシウス・キルヒャーは、ドイツ出身のイエズス会士であり、「遅れてきたルネサンス人」とも呼ばれるほど、多岐にわたる分野で活躍しました。彼はエジプトや中国などの東洋研究、地理学、地質学、音楽学、医学など様々な分野で顕著な業

キルヒャーの肖像画（ドイツ国立博物館蔵）

績を残しました。特にコプト語とヒエログリフの近代ヨーロッパでの研究における先駆者として知られます。

　キルヒャーは9人兄弟の末子として、現在のドイツのテューリンゲン州内に位置するガイザという村で生まれました。若い頃からラビ（ユダヤ教の教師）にヘブライ語を教わり、イエズス会の学校に通ったあと、神学生としてイエズス会に加わりました。その後、ドイツのパーダーボルンで司祭になるために哲学と神学を学んでいましたが、三十年戦争の最中、プロテスタント軍の侵攻により、そこを離れざるを得なくなり、彼は各地を転々とすることになりました。

　キルヒャーはケルン、ハイリゲンシュタット（現オーストリア）、ヴュルツブルクと移り住み、数学やヘブライ語などを教えたりもしました。そんな中で1628年、シュパイアーの図書館にて、クースのアタナシオスが書いたコプト語文法書を読解したことで、コプト語に対する興味を深めます。

　それからまたしても三十年戦争の影響で、キルヒャーはアヴィニョンへ逃れることになり、そのあとはローマで暮らすことになるのですが、1636年、自らコプト語文法書『Prodromus Coptus sive Aegyptiacus（コプト語あるいはエジプト語序説）』

を出版しました。これは近代ヨーロッパで初となるコプト語文法書で、当時の学術言語であるラテン語で書かれました。

　キルヒャーは古代エジプト研究のパイオニアであり、彼の著作である『Oedipus Aegyptiacus（エジプトのオイディプス）』や『Lingua Aegyptiaca Restituta（復元されたエジプトの言語）』において、コプト語が古代エジプト語の発展したかたちであることや、ヒエラティックとヒエログリフの関係を指摘しました。彼のヒエログリフに対する理解は誤りがあったものの、その研究はのちのシャンポリオンによるヒエログリフ解読に向けて重要なヒントを残しました。

　なお、中国学においてもキルヒャーは当時の第一人者であり、彼が著した『China Illustrata（中国図説）』は中国文化について広範な情報を提供するものでした。また、地質学、医学においても、彼は当時の科学的手法を用いた先駆的な研究を行いました。地質学では『Ars Magnesia（磁力の研究）』を著していますし、医学では、伝染病が微生物によって引き起こされるという説を提唱したことでも有名です。

　晩年にはルネ・デカルトらの合理主義者たちからの批判を受け、一時は忘れ去られた存在となりましたが、20世紀後半になって彼の業績の先進性と多才さが再評価されるようになりました。彼の広範な研究は、中世と近代をつなぐ学者としての彼の位置を確かなものにしています。

　ヒエログリフ解読に対するキルヒャーの最大の功績は、その著作『Lingua Aegyptiaca Restituta』において、コプト語とヒエログリフの密接な関係に初めて気づいたことと、西洋で最初

のコプト語文法書を出版したことです。これらによって近代ヨーロッパのエジプト学は大きな一歩を踏み出しました。彼はコプト語の研究を通じて、古代エジプトの言語と文化に新たな光を当てようとしたのです。

　ただ、キルヒャーはヒエログリフを、単なる表意文字や魔術記号と見なす誤解を犯しました。彼の時代において、ヒエログリフが実際には音声と意味を兼ね備えた複雑な表記システムであることは理解されていませんでした。キルヒャーの解釈は、ヒエログリフがもつ真の性質を見誤ることになり、解読への道を遠回りさせる結果となりました。

不屈の精神で正確な資料をもたらした数学好きの探検家

ニーブール〔ドイツ〕

Carsten/Karsten Niebuhr　（1733〜1815）

　カルステン・ニーブールはドイツ出身の数学者です。また、地図学者であり、そして探検家としての顔ももつ人物です。

　北ドイツの農家の息子として生まれたニーブールは、教育をほとんど受けずに育ったにもかかわらず、その旺盛な探究心から、20歳頃に測量士としての勉強を始めました。

　その後、数学への深い興味からゲッティンゲン大学で数学と天文学を学び、加えてアラビア語にも触れるなど、彼の知識は着実に広がっていきました。

　1760年、彼は人生を変える大きなチャンスをつかみます。デンマーク国王フレデリク5世（在位1746〜1766）の後援のもと、

**アラブ人の衣裳を着たニーブールの
肖像画**（デンマーク王立図書館蔵）

博物学的探検隊の一員として選ばれたのです。この探検隊は彼がアラビア語を教わったミヒャエリス（1779～91）の発案でした。一行は、エジプト、アラビア、シリアへの壮大な旅に出発しましたが、途中でメンバーが次々と病死し、最終的にニーブールだけが生き残るという過酷な状況に直面します。しかし、彼は決して諦めることなく、ペルセポリスで楔形文字の碑文を模写するなど、貴重な研究成果を残しました。これはその後、楔形文字解読の鍵となります。

　この旅をふまえてニーブールは報告書を出版しましたが、特に注目すべきは、彼がエジプトのヒエログリフについても正確な模写を残したことです。また、彼は、ヒエログリフが単なる装飾ではなく、実際に意味をもつ文字列であるというアイデアを提示しました。彼は、ヒエログリフの中でも単純な字形はアルファベットのような表音文字だと考えたのです。さらには、キルヒャーとはまた違う視点からコプト語との関連に気づき、解読のためにはコプト語を利用すべきだと提案しました。

　ニーブールの旅と研究は、単に未知の土地を探検したというだけでなく、古代文明の理解に貢献し、後世の学問に大きな足跡を残しました。彼の生涯は、困難に直面しても決して諦めず、

知的好奇心をもち続けることの大切さを我々に教えてくれます。カルステン・ニーブールは、ヒエログリフ研究だけでなく、探検家としての不屈の精神を象徴するものとして、歴史にその名を刻んでいます。

ヒエログリフが実用的な文字であると初めて論考した聖職者
ウォーバートン〔イギリス〕

William Warburton （1698〜1779）

ウォーバートンの肖像画（バース王立科学協会ビクトリア・アート・ギャラリー蔵）

ウィリアム・ウォーバートンはイギリスの司教かつ学者であり、18世紀のヒエログリフ研究において重要な役割を果たした人物です。ウォーバートンは、ヒエログリフが単なる神秘的な符号ではなく、実用的な書記体系であることに初めて気づき、この点で解読への先駆者となりました。

彼の最も著名な業績は、1738年から1741年にかけての研究で、当時のヨーロッパで一般的だったヒエログリフに対する誤解を払拭するものでした。それまでの多くの学者や研究者は、ヒエログリフを魔術的な記号や象徴的な表現にすぎないと見なしていました。しかし、ウォーバートンは、ヒエログリ

ウィリアム・ウォーバートン著『モーセの聖使』（1765年版）の挿絵　ヒエログリフに関するカイリュス伯爵の理論を表したもの。『モーセの聖使』は、副次的に文字の歴史についても論考するものとなっており、ウォーバートンはヒエログリフの書記体系に言及するかたちとなった

フが実際には具体的な意味をもつ文字列であり、古代エジプト人によって日常的なコミュニケーションや記録のために使用されていたことを初めて主張しました。

　ウォーバートンのこの革新的な見解は、当時の学術界に新たな視点をもたらし、のちのヒエログリフ解読への道を開く先導となりました。ウォーバートンの仕事は、シャンポリオンによるヒエログリフの解読に直接つながるものではありませんでしたが、人々を長年の誤解から脱却させるものとなり、古代エジプト文化と言語に対する理解を深める上で大きな転機となったことは間違いありません。

2つの古代文字を解読した文化人
バルテルミ〔フランス〕
Jean-Jacques Barthélemy　（1716～95）

ジャン＝ジャック・バルテルミ
（所蔵館不明）

　ジャン＝ジャック・バルテルミは、18世紀のフランスを代表する古物研究家、言語学者、そして小説家です。

　彼は1754年に、世界で初めて古代文字の解読に成功しました。それはパルミラ文字と呼ばれる、帝国アラム語（ペルシア帝国やアッバース朝などで使われた中東の国際共通語）の文字の一種でした。バルテルミは、パルミラ文字とギリシア文字が併記された碑文を手がかりに、固有名詞の対応関係を丹念に分析することで、アルファベットの音価を特定することに成功したのです。この解読方法は、のちにエジプトのヒエログリフ解読にも応用され、大きな成果をもたらすことになります。

　さらにバルテルミは1758年に、フェニキア文字の解読にも成功しました。この解読においても、ギリシア語とフェニキア語の2言語で書かれた碑文が重要な役割を果たしました。バルテルミは、この碑文を詳細に分析することで、フェニキア文字のアルファベットを解明したのです。

バルテルミのもう1つの重要な貢献は、1762年に行ったエジプトのヒエログリフに関する指摘です。彼は、エジプトの碑文に見られる楕円形の輪郭（カルトゥーシュ）が、王の名前を囲んでいるものだと初めて指摘しました。この発見は、のちにシャンポリオンがヒエログリフを解読する際の重要な手がかりとなりました。

　また、バルテルミは同時代の古物研究家であるカイリュス伯爵（1692〜1765）と共同で、ヒエログリフから派生した草書体（デモティック書体）が、アルファベットから成り立っていることを指摘しました。この洞察は、ヒエログリフが表語文字と表音文字の混合文字であるという理解につながり、ヒエログリフ解読を助ける考え方となりました。

　バルテルミの業績は、言語学の分野だけにとどまりません。1788年に出版された小説『アナカルシス旅行記』は、古代ギリシアの風俗や社会を生き生きと描写した作品として大きな人気を博しました。この小説は、彼の古代史に対する深い造詣と、優れた文学的才能を示す作品として高く評価されています。

　バルテルミが確立した古代文字の解読方法は、その後のヒエログリフ解読でも応用され、考古学と言語学の発展に多大な貢献をもたらしました。また、彼の小説は英語やドイツ語にも訳されて古代史への関心を広く一般に喚起し、古代文明に対する理解を深めようという時代の潮流をつくる上で重要な役割を果たしました。バルテルミはその学問的業績と文学的才能をもって、18世紀のフランスを代表する知識人としての地位を不動のものにしています。

王名に注目し、中国語の表記と結びつけて考察した東洋学者
ギーニュ〔フランス〕
Joseph de Guignes　（1721〜1800）

　ジョゼフ・ド・ギーニュは、18世紀フランスの東洋学者として知られています。彼の学問的関心は多岐にわたり、中国史、トルコ史、モンゴル史などを研究しました。特に、中国文明の起源に関する大胆な仮説（後述）を提唱したことで有名です。

　ギーニュは、フランスのポントワーズで生まれました。若くしてオリエント諸言語に関しても才能を発揮し、著名な東洋学者エチエンヌ・フルモン（1683〜1745）のもとで学びました。フルモンの死後、ギーニュは王立図書館の東洋語の翻訳者兼書記官に任命されました。1752年にはロンドン王立協会の会員に、1754年にはフランス碑文・文芸アカデミー（現在のフランス文学院）の会員に選出され、1757年には高等教育機関コレージュ・ド・フランスでシリア語の教授職を得ました。

　ギーニュの代表的な著作に、『匈奴、トルコ、モンゴル、その他西方タタール人の総史』（1756〜1758）があります。この大部の書物の中で、ギーニュは中国の歴史書とヨーロッパの文献を詳細に比較検討し、フン族が中国史書に登場する匈奴と同一であるという大胆な仮説を提示しました。この「フン＝匈奴同一説」は、のちにイギリスの歴史家エドワード・ギボンの『ローマ帝国衰亡史』にも取り入れられ、広く知られるところとなりました。

　ギーニュの学説の中で最も物議を醸したのは、中国文明がエ

ジプトを起源とするという説でした。1759年に発表された論文の中で、ギーニュは漢字の書体がエジプトのヒエログリフから派生したものだと主張したのです。ギーニュによれば、遥か昔にエジプト人の一団が中国に移住し、高度な文明をもたらしたのだといいます。

　ギーニュのこの説に対しては、同時代の学者から多くの反論が出されました。しかしギーニュは生涯この説を固持し続けました。のちの研究で、ギーニュの中国＝エジプト起源説そのものは誤りであることが明らかになりましたが、ギーニュが古代エジプトの王名を囲む「カルトゥーシュ」に注目し、これを中国の固有名詞の表記と結びつけて考察を加えたことは、ヒエログリフ解読の歴史において一定の意義をもつものと評価されています。

　ギーニュのユニークな学問的人生は、西欧と東洋の交流が深まりつつあった18世紀の知的潮流を体現するものでした。大胆な仮説を提示しては論争を呼び、推測の域を出ない説を断固として主張し続けるギーニュの姿は、東洋学の黎明期を告げる先駆者の苦闘ともいえるでしょう。独断的ともいえる説を唱えながら、しかし緻密な文献考証を怠らず、言語や文字の研究に生涯をささげたギーニュの功績は、今日の私たちが東洋の歴史や文化を学ぶ上で、１つの礎石となっているのです。

文字の総数を根拠に表音文字の存在を指摘したデンマークの研究者

ゾエガ〔デンマーク〕

Georg (Jørgen) Zoëga　（1755〜1809）

ゾエガの肖像画（P.ハンセン著『デンマーク文学史』第2増補版，第2巻より）

　ゲオルク・ゾエガはデンマークで生まれた科学者です。18世紀後半から19世紀初頭にかけてのヒエログリフ研究において、重要な貢献をした人物の1人として知られています。ゾエガは、ヒエログリフが単なる表語文字だけでなく、複合的な機能を合わせもつ文字体系であることに気づいた最初の学者でした。

　彼は教養豊かな親兄弟に恵まれ、家庭で教育を受けたのち、ギムナジウムを経てゲッティンゲン大学に進学します。優秀なデンマーク人として国から年金を支給され、ウィーンやローマで学んだ彼は、その後、枢機卿ステファノ・ボルジア（1731〜1804）からも支援を受けながら研究するなど、様々な方面から金銭的支援を受けて研究生活を送りました。彼は哲学や考古学に興味をもっていましたが、貨幣学の研究過程でエジプト学やコプト語の研究に取り組むことになったようです。

　ゾエガの業績の中でも特に注目すべきは、彼がヒエログリフの文字の総数を数え上げた研究です。彼は、もしヒエログリフ

が全て表語文字で構成されているならば、世の中の様々な概念を表すには文字の種類があまりにも少なすぎるという事実に着目しました。この観察から、ゾエガはヒエログリフが実際には様々な機能の文字を組み合わせた複雑な体系であり、その中には表音文字も含まれているという画期的な指摘を行いました。

　また、ヒエログリフの碑文において、外国人の名前は表音文字で表現されているのではないかという考えを示したことも、ゾエガの大きな功績といえます。この考えは、当時はまだ解明されてはいなかったものの、実際正しかったことが後世明らかとなります。私たちが外国由来の言葉をカタカナで表記するように、古代エジプト人もヒエログリフの表音文字の要素を用いて外国人名を表現していました。

　これらの指摘は、ヒエログリフ研究において大きな進展をもたらしました。それまでの研究者たちがヒエログリフを一種の神秘的な記号や単純な象徴とみなしていたのに対し、ゾエガの研究は、ヒエログリフが実際には高度に発達した書記体系であることを根拠をもって示唆しました。特に、表音文字の存在を認識したことは、のちのヒエログリフ解読に向けた重要な一歩となりました。

　この時代の研究者たちの成果により、ヒエログリフの性質が色々と明らかになってきました。ただ、具体的な読み方や意味の正しい解釈に至るには手がかりが足りず、解読の成功に向けては、さらなる考古学的発見を待つことになりました。

第 4 章

ナポレオンとロゼッタ・ストーン

フランス革命とナポレオンの時代は、ヨーロッパ史において最も劇的な変革期の１つです。1789年から1799年までのフランス革命は、絶対王政の終焉と近代共和国の誕生をもたらしました。この時期、フランスは激しい社会的・政治的変動に見舞われ、最終的にはナポレオン・ボナパルト（1769〜1821）による帝政へと移行します。

この時代、フランスを筆頭に、ヨーロッパはエジプトに関する様々な学術的成果を得ることとなり、ヒエログリフ解読に向かう古代エジプトの研究は一気に加速することとなりました。

フランス革命とナポレオン

フランス革命は、絶対王政の下での社会的不平等と経済的困難に対する国民の反発から始まりました。1789年7月14日のバスティーユ監獄の襲撃をきっかけに、激動の10年間が幕を開けます。国王ルイ16世（在位1774〜92）と王妃マリ・アントワネット（1755〜93）は幽閉され、1793年にはギロチンで処刑されました。革命の初期段階では、絶対王政から立憲君主政への移行が試みられましたが、やがて1792年には共和政が宣言されます。

議会で主導権を握ったジャコバン派は急進的なグループで、

年	月日	事項	
1789		シェイエス、『第三身分とは何か』を刊行	
1789	5. 5	**全国三部会（三部会）招集** 特権階級への課税などといった財政改革案に特権身分が反発 身分別議決法（特権階級）vs 個人別票決（第三身分）	三部会
	6. 17	**国民議会設立**	
	6. 20	**球戯場（テニスコート）の誓い**	
	7. 11	財務総監ネッケル罷免	
	7. 14	**バスティーユ牢獄襲撃**	
	8. 4	**封建的特権の廃止**：税負担の平等化・公職の開放	
	8. 26	**フランス人権宣言採択**（ラ゠ファイエット起草）	
	10. 5〜6	**ヴェルサイユ行進（10月事件）**	
	11. 2	教会財産の国有化	
	12. 5	アッシニア（公債）発行	
1790	7. 12	聖職者基本法決議	
1791	3.	ギルドの廃止	
	6. 14	ル゠シャプリエ法（団結禁止法）決議	
	6. 20〜21	**ヴァレンヌ逃亡事件** →王室への信頼失墜	国民議会
	8. 27	ピルニッツ宣言：オーストリアとプロイセンからの警告	
	9. 3	1791年憲法決議（制限選挙・一院制）	
	9. 30	国民議会解散	
	10. 1	**立法議会成立**	
1792	3. 23	ジロンド派内閣の成立	
	4. 20	オーストリアに宣戦布告 →**革命戦争勃発**	立法議会
	7. 11	「祖国危機」宣言	
	8. 10	**8月10日事件** →王権の停止・男性普通選挙実施を宣言	
	9. 20	**ヴァルミーの戦い**：フランスが革命戦争で初勝利	
	9. 20	**国民公会招集**	
	9. 21〜22	**王権の廃止・共和政の宣言** →第一共和政	
	10. 2	保安委員会の設置	
1793	1. 21	**ルイ16世処刑**	
	2. 13	**第1回対仏大同盟**：イギリスが提唱	
	3.	ヴァンデーの農民反乱	
	3. 10	革命裁判所の設置	
	4. 6	公安委員会の設置（7月にロベスピエール入る）	
	6. 2	**ジャコバン派（山岳派）独裁**：恐怖政治	国民公会
	6. 24	1793年憲法決議（男性普通選挙・主権在民・教育権など）	
	8. 23	国民総動員法（徴兵制）実施	
	9. 29	最高価格令の強化（5月公布）	
	10. 5	革命暦（共和暦）の採用決定	
	11. 10	理性崇拝の創始 →脱キリスト教化	
	7. 13	ジャコバン派のマラー暗殺	
	10. 16	**マリ・アントワネット処刑**	
1794	4.	**ロベスピエールの独裁** →他派閥の逮捕・処刑など	
	7. 27	**テルミドール9日のクーデタ** →ロベスピエールら処刑	
1795	8. 22	1795年憲法（共和国大3年憲法）決議（制限選挙・二院制）	
	10. 26	国民公会解散	
	10. 27	**総裁政府成立**	
1796	3. 〜	ナポレオン、第1次イタリア遠征	
1798	5.	ナポレオン、エジプト遠征	総裁政府
1799	6.	**第2回対仏大同盟結成**	
	6.22	メートル法を正式採用	
	11. 9	**ブリュメール18日のクーデタ**	
	12.	ナポレオンが統領政府を樹立（第一統領に就任）	

フランス革命関連年表

ロベスピエール（1758〜94）を中心に恐怖政治を行い、多く
の反対派を処刑しました。しかし、1794年のロベスピエール
の処刑後、権力は総裁政府へと移り、より穏健な政治が行われ
ました。この時期には教育・法制度・行政の近代化が進められ
ましたが、イタリアとエジプトへの軍事遠征で名声を得たナポ
レオン・ボナパルトが台頭してきます。

　ナポレオンは、フランス革命戦争での軍功を背景に、1799
年にブリュメール18日のクーデタを起こし、総裁政府を打倒
して自らが政権の中心となります。その後、1804年にはフラ
ンス皇帝に即位し、フランス帝国を築き上げました。ナポレオ
ン時代には、フランス法典（ナポレオン法典）の制定・教育制
度の改革・銀行制度の整備など、近代国家の基盤を築く多くの
改革が行われました。

　ナポレオンはヨーロッパ各地での軍事的拡張を進め、フラン
スの勢力圏を広げますが、最終的には周辺国が連合を組んだ包
囲網による反撃に遭い、1815年のワーテルローの戦いで敗れ
てしまいます。これによりナポレオンは追放され、フランス革
命とナポレオン時代は終焉を迎えました。しかし、フランス革
命を通じて、封建的な旧体制が否定され、人権の概念、市民に
よる国家運営スタイルなど、のちの近代民主主義国家の基礎と
なる新しい考え方が広まりました。

　この時代は、ヨーロッパの政治地図が描き直され、現代国家の
概念に影響を与えるなど、世界史において重要な節目となりまし
た。社会契約の理念によって国民国家が台頭し、民主主義と専
制主義のせめぎ合いの中で、近代世界が形成されていきました。

ナポレオンのエジプト遠征と随行学者たち

　ナポレオンのエジプト遠征（1798〜1799）は、フランス革命戦争中に行われた軍事的、科学的なキャンペーンであり、科学的探究心と征服の野心が交差する歴史的出来事でした。フランス革命後、将軍となったナポレオンはイギリスのインドとの通商路を遮断するとともに、東方におけるフランスの影響力を拡大するため、エジプト遠征を計画しました。1798年7月1日、彼の軍隊はアレクサンドリアに上陸し、マムルークを主体としたオスマン帝国軍とギザの地で激突しました。この「ピラ

「ピラミッドの戦い」（フランソワ＝ルイ＝ジョゼフ・ワトー画、ヴァランシエンヌ美術館蔵）

　ミッドの戦い」と呼ばれる戦いでフランス軍は勝利を収め、ナポレオンはその後、カイロに入城し、一時はエジプトの支配者となったかのように見えました。

　しかし、遠征隊はアブキール湾の海戦でイギリス海軍のネルソン（1758〜1805）提督により壊滅的な打撃を受け、フランスの地中海における海軍力は大きく損なわれました。ナポレオン自身は1799年にエジプトを離れてフランスへ帰国し、その後、政治的な道を歩むこととなります。

　ナポレオンは遠征にあたって、175人の学者や技術者を含む一団を同行させており、彼らは「エジプト学士院」と呼ばれる科学的調査団を形成しました。この学士院はエジプトの古代遺跡の調査、現地の風俗や自然の研究を行い、多くの価値ある情報と資料をフランスに持ち帰りました。この学術的側面が、遠征のもう一つの大きな成果となっています。

　特に有名なのは、1799年7月にロゼッタ・ストーンが発見されたことです。この石碑は、古代エジプトの文字であるヒエログリフ、デモティック、ギリシア文字の3種類の文字で同じ法令が刻まれており、のちにヒエログリフ解読の鍵となりました。ロゼッタ・ストーンは当初フランス軍が保有していましたが、イギリス軍によるエジプト占領後、イギリスの手に渡り、現在はロンドンの大英博物館で展示されています。

　ナポレオンは皇帝即位後の1809年に、エジプト遠征の学術的成果をまとめさせ、『Description de l'Égypte（エジプト誌）』として刊行させました。この書物は20巻にわたる超大型本で、エジプトの歴史的建造物や地理的な風景、動植物、地図、博物

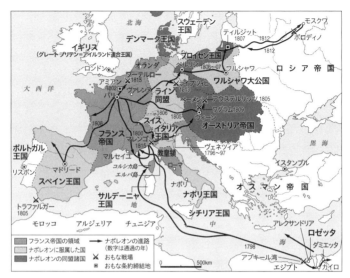

地図中のラベル:

北海 / スウェーデン王国 / モスクワ / デンマーク王国 / ティルジット 1807 / 1812 / ボロディノ 1812 / イギリス（グレートブリテン＝アイルランド連合王国）/ プロイセン王国 / ロシア帝国 / オランダ / ベルリン 1806～07 / ワルシャワ / ロンドン / ライプツィヒ 1813 / ワルシャワ大公国 / 大西洋 / アミアン 1802 / ワーテルロー 1815 / パリ / ヴァレンシ / ライン同盟 / ベーメン / アウステルリッツ 1805 / 1806 / 1805 / ワグラム 1809 / ウィーン / 1800 / スイス / イタリア王国 / オーストリア帝国 / フランス帝国 / マレンゴ 1800 / マルセイユ / 1815 / ヴェネツィア 1796～97 / 黒海 / ポルトガル王国 / マドリード / コルシカ島 / 教皇領 / エルバ島 / ローマ / イスタンブル / リスボン / スペイン王国 / ナポリ / トラファルガー 1805 / サルデーニャ王国 / ナポリ王国 / オスマン帝国 / モロッコ / アルジェリア / チュニジア / シチリア王国 / 地 / 中 / アレクサンドリア / ロゼッタ / フランス帝国の領域 / ナポレオンの進路（数字は通過の年）/ ナポレオンに服属した国 / ナポレオンの同盟諸国 / ✕おもな戦場 / ◉おもな条約締結地 / 500km / ダミエッタ / 1798 / アブキール湾 / エジプト / カイロ / 海

ナポレオンの遠征とロゼッタ

学的な品々などが、緻密に描かれた3,000点以上の銅版画を添えて紹介されています。多数の芸術家も制作に参加し、莫大な予算をかけて仕上げられた美装本です。ロゼッタ・ストーンの模写もこの中に含まれており、この模写を使って、その後、シャンポリオンはヒエログリフの解読に成功します。

　このエジプト遠征は、19世紀のヨーロッパの知的風潮や植民地主義の動向にも大きな影響を与えました。フランスにおけるエジプト学の基礎を築き、科学的調査に基づく考古学という新しい学問領域の発展に寄与したほか、エジプト・ブームを巻き起こしました。また、フランスの軍事的影響力を示すとともに、ナポレオン個人の名声を高めることにもつながりました。

『エジプト誌』より　ギザの風景

ロゼッタ・ストーンと解読への期待

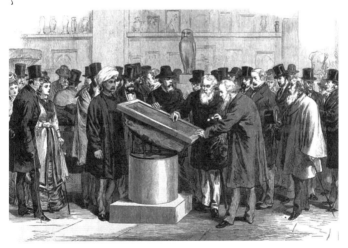

第2回国際東洋学者会議で学者たちに調べられているロゼッタ・ストーン

　ロゼッタ・ストーンは、エジプトの古代碑文を解読するため
の鍵となった歴史的な石碑です。1799年にナポレオンのエジ

プト遠征中にフランス兵によって発見されました。この石碑には３種類の異なる文字体系で同じ内容の碑文が記されています。

　石碑の一番上の部分にはヒエログリフが刻まれていますが、この部分の前半は現存していないため、碑文の多くが失われています。ヒエログリフは古代エジプトの聖刻文字で、当時の学者たちはこれを解読できませんでした。

　真ん中の部分にはデモティックが記されています。デモティックは、古代エジプトの日常的な書き言葉として使用されていた文字ですが、この文字もまた、19世紀初頭の学者たちには解読できないものでした。

　一番下の部分にはギリシア文字が使用されており、この部分は比較的よく保存されていますが、右下の一部が欠けています。このギリシア文字の碑文は、古代ギリシア語で書かれており、

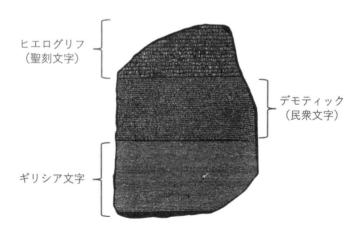

ヒエログリフ
（聖刻文字）

デモティック
（民衆文字）

ギリシア文字

ロゼッタ・ストーンの文字

当時の西洋の知識人は古典教養として古代ギリシア語を学んで
いたため、この部分を理解することができました。

　この状況は、学者たちに１つの仮説を抱かせました。もし、
この３つのテキストが同じ内容を記しているのであれば、すで
に理解可能なギリシア語の部分をもとにして、未解読のヒエロ
グリフやデモティックの文字を比較・解析することで、これら
の古代エジプトの文字体系を解読できるかもしれない、という
ものでした。

　この仮説は正しく、実際にヒエログリフ解読への道を開くこ
ととなりました。ギリシア語のテキストとヒエログリフ、デモ
ティックのテキストとの間で詳細な比較分析を行うことによっ
て、学者たちは徐々にヒエログリフの表音的な要素やデモ
ティックの文字がもつ音価を解明していきました。とりわけ、
ジャン＝フランソワ・シャンポリオンは1822年にヒエログリ
フの碑文を解読することに成功し、その功績によって「エジプ
ト学の父」と称されています。この研究の進展により、ヒエロ
グリフやデモティックのテキストがもつ意味を理解することが
可能となり、古代エジプトの歴史や文化に関する新たな知識が
明らかにされていきました。

　なお、ロゼッタ・ストーンは、紀元前196年にプトレマイオ
ス５世（在位前204〜前181）エピファネスの治下で開催され
たメンフィスの宗教会議の布告について記されていることがわ
かっています。

ド・サシ〔フランス〕

Antoine-Isaac Silvestre de Sacy （1758～1838）

シルヴェストル・ド・サシの肖像画

アントワーヌ＝イザーク・シルヴェストル・ド・サシは、18世紀後半から19世紀前半にかけて活躍したフランスの学者で、言語学・東洋学の分野で顕著な業績を残しました。パリで生まれた彼は、造幣裁判局の顧問として公務に就きながら、アラビア語を含むセム諸語の研究に熱心でした。彼の言語への情熱は、1795年に設立された東洋言語特別学校での仕事に結びつき、アラビア語教授に就任して、のちにペルシア語教授も兼ねることとなります。彼はアラビア語文法書を出版し、この言語のヨーロッパでの普及と理解に貢献しました。

彼の学問的成果の中でも特に注目すべきは、パフラヴィー文字（中期ペルシア語）の解読に成功したことです。この功績は、その後のグローテフェント（ドイツの言語学者、1775～1853）による古代ペルシア楔形文字の解読に大きな影響を与えました。また、ド・サシはイスラーム系の共同体ドゥルーズ派の研究にも深くかかわり、東洋学における多岐にわたる貢献をしました。

　1815年にはパリ大学の学長に任命され、その学術的指導力を発揮します。また、彼はアジア協会を設立し、碑文・文芸アカデミーの終身書記としても活動しました。さらに、国立印刷局で東洋諸言語のフォントの監修を務めるなど、言語学における実用的な側面にも寄与しました。

　ド・サシは、言語学だけでなく、東洋学全般における先駆者として、当時の学界において重要な地位を占めていました。彼の研究と指導は、多くの学者に影響を与え、彼が構築した学問的ネットワークと知見は、後世の研究においても長く引き継がれることとなりました。

　ド・サシは、ヒエログリフ解読においても重要な役割を果たした人物です。彼の貢献は、特に1801年にロゼッタ・ストーンの写しを手に入れて以降、顕著になりました。この写しを通じてサシは、カルトゥーシュで示された「アレクサンドロス」「プトレマイオス」などの王名を不完全ながら初めて読むことに成功しました。これは、ヒエログリフに表音的機能があることを明確に示唆する最初の手がかりの1つでした。

　1802年にド・サシは、ヒエログリフが表音的機能をもつことに気づきましたが、彼はこれを外国人の統治者の名前にのみ使われるものと考えました。この考え方は中国語における外来語の扱いにヒントを得ており、それに類似していると彼は考えたのです。この発見は、ヒエログリフの性質を理解する上で重要な一歩でしたが、彼の解釈はのちの研究で修正されることになります。

　ド・サシは、自らの研究をさらに進めるため、ロゼッタ・ス

トーンの写しを教え子であるスウェーデンの学者オーケルブラド（次節で紹介）に送りました。結果的にこれは、ヒエログリフ研究の国際的な協力を促進することに貢献しました。

1807年にド・サシは、のちにヒエログリフ解読で名を馳せるシャンポリオンと出会いました。ド・サシは16歳のシャンポリオンにコプト語を教え、師弟関係となりましたが、シャンポリオンがナポレオン派であったのに対し、ド・サシは王党派の立場を取っていたため、2人の間には政治的な立場をめぐって対立がありました。しかし、この出会いがその後のシャンポリオンの研究に影響を与えたことは間違いありません。

ド・サシはまた、イギリスの学者トマス・ヤング（本章で紹介）との文通を通じて、ヒエログリフ研究における国際的な対話を深めました。彼はヤングの手紙を通じてシャンポリオンを批判し、シャンポリオンがコプト語文法書および辞書の公刊をしようとした際には、それを阻止しようと試みました。これは、当時の学術界における競争と協力が複雑に絡み合っていたことを示しています。

ド・サシは、不完全ながら初めてヒエログリフの王名を読むなど、解読に一部成功した最初の学者となりました。彼自身はそれ以上、読み解くことは出来ませんでしたが、その研究は彼の教え子たちが受け継いで完全解読に迫っていくことになります。後年、シャンポリオンがヒエログリフの解読に成功した際には、ド・サシは碑文・文芸アカデミーの終身書記として、祝意を伝えたといわれています。

コプト語とデモティックの比較で解読に迫ったスウェーデンの外交官

オーケルブラド〔スウェーデン〕

Johan David Åkerblad　（1763〜1819）

オーケルブラドの肖像画

　ヨハン・ダヴィド・オーケルブラドは、18世紀後半から19世紀初頭にかけて活動したスウェーデンの外交官かつ学者であり、ヒエログリフとデモティックの研究において重要な成果を残しました。

　ストックホルムで生まれたオーケルブラドは、ウプサラ大学で中東の諸言語を学び、その後オスマン帝国でスウェーデンの外交官として勤務しました。

　外交官としての仕事の傍ら、彼の学問的興味は、古代エジプトのヒエログリフとデモティック文字の研究に向けられました。特に、ド・サシによるロゼッタ・ストーンの研究を引き継ぎ、デモティック部分に焦点を当てて解読を試みました。その結果、オーケルブラドは、デモティックの部分に含まれる固有名詞を全て特定するという顕著な成果を上げ、いくつかの単語をもとに14もの文字について正しい音価を把握することができました。ただ、彼はデモティックが全て表音文字であると誤解していたため、完全な解読には至りませんでした。

　オーケルブラドの最も重要な貢献の1つは、デモティックと

コプト語との比較研究でした。彼は、デモティックとコプト文字の間に存在する関連性を認識し、この比較を通じてデモティックの解読に関する理解を深めました。このアプローチは、のちにシャンポリオンがヒエログリフの解読を成功させる際に非常に大きなヒントを与えることになります。

オーケルブラドによるデモティックの表音文字と対応するコプト文字の表（オーケルブラド著『エジプトのロゼッタ・ストーンに関する手紙』〈1802年〉より）

多分野での業績に加えてヒエログリフ解読にも王手をかけた天才

ヤング〔イギリス〕

Thomas Young （1773〜1829）

ヘンリー・ブリッグズによるトマス・ヤングの肖像画（王立協会蔵）

　トマス・ヤングはイギリスの科学者であり、医師、物理学者、そしてエジプト学者としても知られる多才な人物です。物理学における光の波動説や、医学における色覚に関してのヤング゠ヘルムホルツの三色説、音楽分野におけるヤング音律など、様々な分野での貢献で名を馳せています。彼の研究は、上記に加えてさらにエジプト学に至るまで、幅広い領域に及びました。

　20代後半にロンドンで医師として開業したあと、王立研究所の自然学教授としても活躍したヤングですが、晩年になって取り組んだロゼッタ・ストーン研究での彼のエジプト学への貢献は特筆すべきものです。ロゼッタ・ストーンの研究において彼は、碑文に刻まれた王の名前を表音文字として解釈し、その音価を解読しようと試みました。ヤングは、ヒエログリフとデモティックの音価に関する研究を通じて、13の音価を特定しました。彼が正確に特定したのはそのうち6つであり、さらに

3つは部分的に正しかったとされています。

　ヤングの研究の前には、バルテルミやギーニュといった研究者たち（前章参照）が、ヒエログリフのカルトゥーシュ内部には固有名詞、つまり王の名前などの音が表されているという説を唱えていました。ヤングはこれら先人の研究をもとに、カルトゥーシュ内の文字が固有名詞の音を表しているという点をさらに明確にしました。

　彼は、カルトゥーシュ内の文字を分析し、それらが実際に特定の音を示していることを証明する作業を進めたのです。この作業により、ヒエログリフの一部が音声を表現しているという実態がより詳しく明らかになりました。

　ヤングの研究は、シャンポリオンやほかの学者たちがヒエログリフを完全に解読するための重要な手がかりとなりました。特に、彼が確立した音価の特定方法は、シャンポリオンがコプト語との関連を探る際にも活用されました。

　ヤングは科学者として様々な分野で業績をあげましたが、ヒエログリフの研究においても、仮説を立てて検証を繰り返す科学の手法を応用し、ヒエログリフとデモティックを比較しながらパズルを解いていくように、解読に挑戦しました。わかっている前提をもとに導き出せることを1つ1つ積み上げていき、80ものヒエログリフについて、対応するデモティックと紐付けることにも成功しています。誤った結論も混ざりつつではありましたが、ヤングの研究手法は着実に解読に近づくものであり、非常に惜しいところまで解読に成功しつつあったといえます。

　ヤングとシャンポリオンを比べた際、鍵となるコプト語を含めた多言語についての知識の面でヤングはシャンポリオンに一歩及んでいなかったことと、ヤングがあまりに多くの分野で研究をしていたために、ヒエログリフの研究だけに没頭できなかったということが両者の成否を分けた要因として挙げられるでしょうか。

　その後シャンポリオンがヒエログリフの解読に成功した折には、その成果を賞賛しつつ、自分の研究成果が解読の前提になったのだと、名声を分けたがったという話もあり、ヤングの人間らしい側面もうかがえます。

　ナポレオンのエジプト遠征をきっかけに、多くの考古学的成果がヨーロッパにもたらされたこの時代、研究手法も次第に科学的なものとなり、より正確な分析がなされるようになったわけですが、それでもなお、ヒエログリフの解読にはまだ至りませんでした。しかし、解読のための有効なヒントや解析方法などはそれ以前より格段に蓄積されることとなりました。ここに、言語の天才シャンポリオンが登場することで、いよいよ解読の時がやってくることになります。

第5章

シャンポリオンによる解読

ヒエログリフを解読した「エジプト学の父」
シャンポリオン〔フランス〕
Jean-François Champollion （1790〜1832）

シャンポリオンの肖像（レオン・コニエ画、ルーブ
ル美術館蔵）

　ジャン＝フランソワ・シャンポリオンは、古代エジプトのヒ
エログリフの解読者として広く知られているフランスの学者で
す。1790年にフランスのフィジャックで生まれたシャンポリ
オンは、幼い頃から言語に非凡な才能を示し、若くして多くの

言語を習得しました。彼はラテン語、ギリシア語、ヘブライ語、アムハラ語、サンスクリット語、アヴェスター語、中期ペルシア語、アラビア語、ゲエズ語、古典シリア語、そして中国語など、幅広い言語の知識を有していました。

　彼の研究は、ヒエログリフが単なる象形文字でなく、表音文字・表語文字・限定符を含む複合体系であることを明らかにし、後世に大きな影響を与えました。シャンポリオンは、コプト語をはじめとした広範な言語的知識を活かしてヒエログリフの音価を解明し、解読の鍵を握る重要な手がかりを見つけ出しました。彼の業績は、古代エジプトの文化と言語の理解に革命をもたらし、エジプト学の分野における永続的な基盤を築きました。このことから彼は「エジプト学の父」とも呼ばれています。

　シャンポリオンは、自らの学問的興味を追求し続ける一方で、政治的な立場からの影響も受けていました。ナポレオン派であった彼は、王党派であったド・サシ（前章参照）との間に複雑な関係をもちながらも、結局のところエジプト学におけるその偉才を示すこととなります。彼の短い生涯は、学問的な探究心と才能が、いかに人類の歴史を豊かにするかを示す素晴らしい証しとなっています。

　この章では、彼の人生とヒエログリフ解読に至る過程を見ていきましょう。

フーリエとの出会い

　シャンポリオンの生涯で最も輝かしい業績は、間違いなくヒ

エログリフの解読です。この偉業に至るまで、彼はイギリスの学者トマス・ヤング（前章参照）と激しい解読競争を繰り広げました。ヤングもまた、ヒエログリフの研究において顕著な進展をもたらした人物ですが、最終的にシャンポリオンがヒエログリフの全貌を解き明かす鍵を握ることになります。シャンポリオンが優位に立った要因はいくつもありますが、ジョゼフ・フーリエ（1768〜1830）との出会いやコプト語の習熟などは大きな要因だったといえます。

　シャンポリオンがヒエログリフ解読を志すきっかけは、イゼール県知事であり数学者でもあるフーリエとの出会いにあったといえます。フーリエはナポレオンのエジプト遠征に同行しており、その際に収集した多くの古代エジプトの資料を保持していました。これらに触れたことで、シャンポリオンはヒエログリフの解読へ情熱を傾けていくこととなります。また、フーリエのもたらした数々の知識は、その後もシャンポリオンにとって貴重な資源となりました。

　フーリエ邸では、非常に重要な出会いがありました。1805年6月、シャンポリオンは、フランス軍の帰還とともにエジプトからフランスに移り住んだ、元コプト正教会のラファエル・ド・モナシスという人物に会っており、この人物から、古代エジプト研究にはコプト語が必要であることを論されました。このことがおそらく、シャンポリオンにコプト語を研究することを決意させたようです。

ヒエログリフとコプト語の研究

　シャンポリオンの言語学への情熱は、グルノーブル大学での
学びに更なる深みを加え、18歳でグルノーブル大学歴史学科
の助教授に任命されるという異例の早熟ぶりを見せました。
1808年には、ロゼッタ・ストーンの写しを手に入れる機会を
得て、この碑文の研究に没頭します。この写しを通じて、彼は
のちにヒエログリフの解読に成功するための大きな手がかりを
得ることとなります。

　シャンポリオンは、自らの学問的探求をヒエログリフの解読
に専念する方向にシフトさせます。イギリスのトマス・ヤング
が提唱したヒエログリフの解読法に対し、シャンポリオンは疑
念をもち、自らの研究でこれを超える成果を出すことを目指し
ました。彼はその後1821年にパリに移り住み、著名な東洋言
語学者ド・サシやコプト教会の司祭の指導のもと、コプト語な
どの学習を深めました。

　シャンポリオンが活動していた19世紀初頭の時点で、コプ
ト語の研究は既にいくつかの重要な段階を経ており、特定の文
献を通じてある程度ヨーロッパにおいても認識されていました。
コプト語の文法に関する最も初期の作品は、14世紀のクース
のアタナシオスによるアラビア語のコプト語文法書でした。こ
の文法書は、10世紀頃からコプト正教会の典礼言語となった
コプト語ボハイラ方言を主に扱っており、その他の方言につい
ても言及していたとされています。ボハイラ方言は、コプト語
の中でも特に重要な方言の１つであり、10世紀以前に共通語

の地位にあったサイード方言やバシュムール方言とともに中世のエジプトで使用されていました。

　その後、ラテン語で書かれたコプト語の文法書がいくつか発表されました。イエズス会士であるアタナシウス・キルヒャーは1633年に『Prodromus Coptus sive Aegyptiacus（コプト語あるいはエジプト語序説)』を出版し、コプト語の文法、語彙、および使用法についての研究を行いました。これはヨーロッパの言語による初めてのコプト語文法書とされています。キルヒャーの研究は、西洋でのコプト語研究の先駆けとなりました。

　その後、ギョーム・ボンジュールの1696年のコプト語文法書や、ラファエル・トゥキの『Rudimenta Linguae Coptae sive Aegyptiacae ad Usum Collegii Urbani de Propaganda Fide（信仰宣布のためのウルバヌス大学での使用のためのコプト語すなわちエジプト語の基礎)』（1778年）も発表されます。これらの文法書は、コプト語を学ぶための基本的なリソースとしてシャンポリオンがコプト語を研究した時代に機能していました。

　シャンポリオン自身もこれらの文法書に触れていた可能性が高く、彼のコプト語の知識は、既存の文献に依存しつつ、彼自身の観察と研究によって深められたと考えられます。コプト語は言語として古代エジプト語の直接の子孫であるため、シャンポリオンにとってヒエログリフを解読する鍵となりました。彼はコプト語の固有名詞がヒエログリフにおいてどのように表現されているかを理解することで、古代エジプトの象形文字がどのように機能していたかを解明する手がかりを見つけることができたのです。

フィラエ島のオベリスク

　1821年にパリに移ったシャンポリオンは、フーリエから得たエジプト遠征での知識を生かし、フィラエ島のオベリスクに刻まれたカルトゥーシュの研究から解読の糸口をつかみます。彼の着眼点は、カルトゥーシュに刻まれた王の名前がヒエログリフの中でも特に表音文字として機能しているということでした。この重要な洞察は、ヒエログリフ全体の解読へとつながる決定的な一手でした。このオベリスクは1815年にフィラエ島で発見され、イギリスの政治家で冒険家のウィリアム・ジョン・バンクス（1786〜1855）によって入手されました。イタリアの探検家ジョヴァンニ・バッティスタ・ベルツォーニ（1778〜1823）によってイギリスに運搬され、バンクスの邸宅であるドーセットのウィムボーン・ミンスターに設置されました。このオベリスクは、シャンポリオンがヒエログリフの解読に至る過程で使用した数多くの資料の1つとして、エジプト学の歴史において重要な位置を占めています。特に注目すべきは、このオベリスクにはヒエログリフとギリシア語が併用されて刻まれており、クレオパトラやプトレマイオスといった王名が含まれていたことです。この二言語併用の特徴は、ロゼッタストーンと同様に、古代エジプトの文字体系を解読する上で重要な手がかりとなりました。

フィラエ島のオベリスク（イギリスの
ドーセットにあるバンクス邸）

　シャンポリオンとヤングは、ともにフィラエ島のオベリスク
に特に注目していました。シャンポリオンは、オベリスクに記
されたヒエログリフとギリシア語のテキストを比較分析するこ
とにより、ヒエログリフが単なる象徴ではなく、実際には音を
表す文字であることを確認しました。

ロゼッタ・ストーンからの解読

　シャンポリオンは、特にデモティックに関する彼の理解が、
ロゼッタ・ストーンから得られたものであると述べています。

彼はこの石碑からデモティックの表音的な特性を解読し、エジプト以外から来た人物の名前を表記するために使用されていた文字を特定しました。

　前述のようにロゼッタ・ストーンには、同じ文章がヒエログリフ、デモティック、そしてギリシャ語で記されており、特にギリシャ語のテキストは既に解読されていたため、デモティックやヒエログリフの解読の手がかりとなりました。

　シャンポリオンは、ロゼッタ・ストーンのデモティックテキストをギリシャ語のテキストと対比することで、古代エジプト人が音を表すための一連の文字をもっていたことを発見しました。古代エジプト人はこれらの表音文字を利用して、主に固有名詞や外国語の語を表し、表語文字の中に組み込んで使用していました。ちょうど日本語で漢字とカタカナを併用して文章を書くのと似たイメージです。この発見は、表語文字のみを使用する記述体系においては、外国語や固有名詞を正確に記述するために表音的要素を取り入れる必要があることを明らかにし、表音文字のみを用いる西洋人にとっては革新的な発見となりました。

　また、シャンポリオンは中国語の書き方においても、同様の理由で非常に類似した手法が用いられていることを指摘しています。これは、表意文字を用いる文化においては、外来語や固有名詞を記述する際に表音文字が不可欠であるという一般的な原則を示しており、ヒエログリフの理解に確信をもつ裏付けにもなりました。

　シャンポリオンのこの洞察は、ヒエログリフの解読における

決定的な瞬間となり、彼が「エジプト文字のアルファベット」ともいえる一連の文字の理解を深めるのに役立ちました。これにより、のちにエジプトの古文書を読み解く鍵となる表音文字の体系を確立することができたのです。

具体的にロゼッタ・ストーンに記されている補助的な表音文字の応用例としては、アレクサンドロスやプトレマイオスといった王名、アルシノエやベレニケといった王妃の名、さらにはアエテス、ピュッラ、フィリノス、アレイア、ディオゲネス、エイレネといった人物の名が挙げられます。

これらの発見は、エジプト文字が単なる象形文字にとどまらず、表意的な要素と表音的な要素を組み合わせて用いる複雑なシステムであることを明らかにしました。

『ダシエ氏への書簡』〔1822年〕

シャンポリオンの最も有名な著作『Lettre à M. Dacier（ダシエ氏への書簡）』で、彼はヒエログリフの文字が表音文字・表語文字・限定符の3種類の文字からなる複雑な体系であることを発表しました。『ダシエ氏への書簡』は、シャンポリオンが1822年に執筆し、彼のヒエログリフ解読の成果を公にした歴史的な文書です（当時は手紙のかたちで論文が発表されることも多くありました）。この書簡は、エジプトの古文書についての理解をフランスの学術界に伝えるために書かれました。ここに記された内容は、ヒエログリフが単なる絵文字でなく、実際には実用性と複雑さをもつ記述体系であることを証明するもの

でした。『ダシエ氏への書簡』の出版は、エジプト学、特に古代エジプト語の理解に革命をもたらす出来事となりました。

LETTRE

A M. DACIER,

SECRÉTAIRE PERPÉTUEL DE L'ACADÉMIE ROYALE
DES INSCRIPTIONS ET BELLES-LETTRES,

RELATIVE A L'ALPHABET

DES HIEROGLYPHES PHONÉTIQUES

EMPLOYÉS PAR LES ÉGYPTIENS POUR INSCRIRE SUR LEURS MONUMENTS
LES TITRES, LES NOMS ET LES SURNOMS DES SOUVERAINS GRECS ET
ROMAINS ;

PAR M. CHAMPOLLION LE JEUNE.

A PARIS,
CHEZ FIRMIN DIDOT PÈRE ET FILS,
LIBRAIRES, RUE JACOB, N° 24.

M. DCCC. XXII.

『ダシエ氏への書簡』表紙

　書簡の中で、シャンポリオンは碑文・文芸アカデミーに対する感謝を述べています。彼は祭司の文字（ヒエログリフ）と民衆の文字（デモティック）に関する彼の研究をアカデミーに提出したことに対する満足と、これら2つの文字の系統にはアルファベットだけではなく、観念を表す文字もあることを証明したという自負を表明しています。また、彼は自分が集めたデータがこれらの文字の文法や辞書の基礎を築くのに役立つと信じている旨を記しています。

この書簡において、シャンポリオンは自らの解読方法を詳細に説明しており、のちの学者たちがヒエログリフを学ぶ際の基本文献となりました。シャンポリオンはこの書簡で、彼の研究が碑文・文芸アカデミーの支援を受けていたこと、そして彼の成果がアカデミーの著名なメンバーであるド・サシ、故オーケルブラド、ヤング博士の先行研究に負っていることを認めています。

　この書簡は、シャンポリオンがエジプト学の分野で重要な進歩を遂げた瞬間を記録したものであり、後世のエジプト学研究において非常に重要な文書となりました。彼の発見は、以降、

『ダシエ氏への書簡』におけるヒエログリフ、デモティックの表音文字とギリシア文字アルファベットの対応表

多くの未解読の文書を解読するための鍵を提供しました。

『エジプト語文法』〔1836年〕

『エジプト語文法』の表紙

　シャンポリオンの『エジプト語文法』は、彼のエジプト語
研究の集大成として知られています。この著作のタイトルを
全て書くと、『Grammaire égyptienne, ou Principes généraux de
l'écriture sacrée egyptienne appliquée à la représentation de la
langue parlée（「エジプト語文法、またはエジプトの聖なる文
字の一般原則を口語表現に適用したもの）』です。

　彼の『エジプト語文法』は、単に符号を解読する技術を超え

て、エジプトの古代言語を学ぶ上での基礎的な理論と方法を提供するものでした。この文法書は、ヒエログリフを用いて古代エジプトの口語をどのように表現するかについての彼の理解を体系的にまとめたものであり、のちのエジプト学者たちにとって貴重な学術資料となっています。

シャンポリオンの研究は、ヒエログリフが単なる記号の集まりではなく、豊かな文化と歴史をもつ言語であることを世界に示しました。『エジプト語文法』では、ヒエログリフがどのようにして音声言語を表現しているのか、そしてそれがどのようにしてエジプト人の日常生活や宗教、哲学に結びついているのかを解き明かしています。

この文法書の発表は、シャンポリオンが生前に達成した最大の業績の1つであり、彼がエジプト語の研究に費やした長い年月での努力の証しです。『エジプト語文法』は、古代エジプト文化と言語の理解を深めるための基礎を築き、エジプト学の分野における学問的研究の方向性を示した重要な作品と評価されています。

表音文字への解釈

シャンポリオンのヒエログリフに対する解釈は、表音文字に関する彼の洞察によって特に注目されます。

伝統的に、ヒエログリフは主に表語文字として認識されており、その表音的な側面はあまり注目されていませんでした。しかし、シャンポリオンは、ロゼッタ・ストーンやほかのエジプトの遺物に記されたテキストの綿密な分析を通じて、ヒエログ

リフには表音的な要素が存在し、それが言語の音声的特徴を表
現するために使用されていたことを発見しました。

GROUPE HIÉROGLYPHIQUE.	TRANSCRIPTION EN LETTRES COPTES.	MOT COPTE.	SIGNIFICATION.	
𓌡	ογτn,	oτoειn,	Lumière.	（光）
⊜	ρн,	ρн,	Soleil.	（太陽）
⊸⌇	ρn,	ρⲁn,	Nom.	（名前）
⊜	ρτ,	ρⲁτ,	Pied.	（足）
⊜⎞	ρρι. ρρε,	ριρ,	Porc.	（豚）
⊜	ρτ,	ρωτ,	Germe, Race.	（生殖、人種）
𓂝𓆑𓏭𓏥	ρκⲅογι,	ρⲁκⲅι,	Charbons, Braise.	（木炭、残り火）

コプト文字とコプト語を介したヒエログリフの解読　シャンポリオ
ンは、ヒエログリフの音価をコプト文字に置き換え、そこからコプ
ト語の単語と対応させることで、意味を解読することに成功した

表語文字の解釈

　シャンポリオンのヒエログリフ研究における表語文字の解釈
は、彼のエジプト学への貢献の中でも特に重要な部分を占めて
います。『エジプト語文法』の中で、特に51ページから52ペー
ジにかけての記述は、表語文字に関する彼の理解とアプローチ
を示しています。この部分では、シャンポリオンがコプト語の
単語をヒエログリフの表語文字に直接当てはめる方法を取り入
れたことが述べられています。

　表語文字とは、特定の物体や概念を表すために書かれた象徴
的な記号のことを指します（第Ⅰ部参照）。シャンポリオンは、
古代エジプト語とその後継言語であるコプト語との間に深い関

連性があることを発見し、この知識を利用してヒエログリフの解読を進めました。彼はコプト語の単語を用いて、ヒエログリフに記された表語文字の意味を解き明かすことができると考えました。

　このアプローチにより、シャンポリオンはヒエログリフが単に装飾的なものではなく、実際には古代エジプト人の言語と直接的に関連していることを証明しました。コプト語単語を直接当てはめることによって、彼は多くの表語文字の意味を特定し、それらが具体的な物体や概念を表していることを明らかにしました。

	ⲗⲟⲧⲓ,	Lion.	ⲓⲱ, ⲉⲱ,	Ane.
	ⲱⲡⲧ,	Hippopotame.	ϣⲁⲁⲣ ⲛⲃⲥ,	Peau de panthère.
	ⲉⲃⲟⲧ,	Éléphant.	ϭⲁϩⲥⲓ,	Dorcas.
	ⲥⲣϧ,	Girafe.	ⲁⲗ, ⲉⲓⲟⲧⲗ,	Antilope.
	ⲉⲧⲟ, ⲉⲧⲱⲣ,	Cheval.	ⲁϥⲟⲧ,	Oryx.
	ⲉϩⲉ,	Bœuf.	ϣⲁϣ,	Gazelle.
	ⲉϩⲉ.ⲧ,	Vache.	ⲣⲓⲣ,	Porc.
	ⲗⲁⲥⲉ,	Veau.	ⲱⲡⲓ, ⲉⲓⲉⲛ,	Cynocéphale.
	ϣⲁⲧ,	Chat.	ⲟⲩϩⲟⲟⲣ,	Chien.

『エジプト語文法』のp.51〜52より

限定符の解釈

　シャンポリオンのヒエログリフ研究において、限定符は重要

な位置を占めました。限定符とは、ヒエログリフの意味を限定
するために使用される記号のことで、単語の意味をより具体的
に示すために使われます（第 I 部参照）。シャンポリオンは、
これらの限定符を解読することで、ヒエログリフの意味を正確
に解釈する鍵を見つけました。

　例えば、「🛇」は男性を表す限定符であり、単語が男性に関
連する何かを指していることを示します。これは、単語の意味
を明確にするために、追加の視覚情報を提供する役割を果たし
ます。

　このような限定符の使用は、ヒエログリフのテキストがより
正確かつ明瞭に伝えられるようにするための工夫の1つです。
それにより、古代エジプトの筆記システムは非常に柔軟で表現
豊かなものとなり、多様な情報を伝えることが可能でした。

　特に水に関する限定符〰は、彼の解読作業において顕著な
成果といえる例です。この限定符は、水や水に関連する概念
（例えば「ナイル川」「洪水」など）を示す単語に付けられるこ
とが多く、シャンポリオンはこのような限定符の解読を通じて、
ヒエログリフが単に象形文字ではなく、音声を伴う複雑な書記
体系であることを理解しました。

　シャンポリオンがヒエログリフを解読する上で直面した多く
の挑戦の中でも、限定符の解釈は特に困難でした。しかし、彼
はこの挑戦を成功させ、ヒエログリフにおける限定符の役割を
明らかにしました。

　水に関する限定符〰は、シャンポリオンの研究における多
くの発見の1つにすぎませんが、彼のヒエログリフ解読へのア

VERBE HIÉROGLYPH. DÉTERMINÉ.	TRANSCRIPTION EN LETTRES COPTES.	VERBE COPTE ÉQUIVALANT.	SIGNIFICATION.
	ⲃⲉⲉⲃⲉ,	ⲃⲉⲉⲃⲉ.ⲃⲉⲃⲓ,	Couler, *fluere.*
	ⲅⲣⲡ,	ⲅⲱⲣⲡ,	Humecter, *madefieri.* Arroser, *rigare, humescere.*
	ⲟⲟⲃ.ⲱⲟⲃ,	ⲱⲟⲃ.ⲱⲟⲃ,	Avoir froid, *être froid.*
	ⲉⲁ.ⲓⲁ,	ⲉⲓⲁ.ⲓⲁ,	Laver, *lavare.*
	ⲥⲱⲣⲉ,	ⲥⲱⲣ.ⲥⲱⲣⲉ,	Verser, répandre, *spargere, dispergere.*
	ⲥⲁⲧ.ⲥⲱ,	ⲥⲱ,	Boire, *bibere.*

水に関する限定符についての解読作業の一部

プローチと方法論の一端を示しています。この限定符を通じて、シャンポリオンはヒエログリフの文字がもつ複雑さと、古代エジプト人が使用していた言語の精巧さを世界に示しました。

シャンポリオンができたこととできなかったこと

シャンポリオンのヒエログリフ解読における画期的業績は、エジプト学における重要なターニングポイントです。彼が成し遂げた研究とその限界について見てみましょう。

1822年、シャンポリオンはロゼッタ・ストーンを用いて、ヒエログリフが単なる象形文字ではなく、実際に音声を表す文字であることを証明しました。この発見は、長年にわたる古代エジプト語の謎を解き明かす鍵となり、エジプト学における最大の成果の１つとして広く認識されています。彼は、ヒエログリフに含まれる多くの文字が特定の音声を表すことを突き止め、この知識を用いて古代エジプト語の単語や文を読み解くことが

可能になりました。

　さらに、シャンポリオンはヒエログリフが単なる象形文字ではなく、表音文字や意味をもつ記号を含む複合的な書記体系であることを明らかにしました。この洞察は、ヒエログリフの多様性と複雑性を認識する上で重要な一歩であり、古代エジプト語の全体像を把握するための基盤を提供しました。シャンポリオンの研究により、古代エジプトの宗教・歴史・社会に関する多くの文書が読み解かれ、エジプト学は大きく発展していくことになります。シャンポリオンは、古代エジプトの豊かな文化が現代に伝えられる道を開いたのです。

　しかし、シャンポリオンの研究には限界もありました。彼の時代には、まだ解読されていないヒエログリフや誤解されている解釈が多く存在し、彼の生涯ではヒエログリフの全体像を完全に理解することはできませんでした。また、古代エジプト語の文法や語彙に関する詳細な理解は、シャンポリオンの研究後に進展していきます。彼が築いた基礎の上で、後世の学者たちがさらに詳細な理解を深めていったのです。特に、神名や王関連の単語が文の先頭に置かれる倒置表現（第Ⅰ部第2章参照）や、限定符の機能に関する理解は、シャンポリオンの時代には完全には達成されていませんでした。それら残された謎への取り組みについては次章で取り扱います。

　シャンポリオンの功績は、単に古代エジプト語の解読にとどまらず、古代エジプト文化の理解を深め、エジプト学という学問分野の地平を広げたことにあります。彼の遺産は、エジプト学の発展とともに、今日まで生き続けています。

第6章

シャンポリオン後のヒエログリフ研究
エジプト学の発展

　古代エジプト文字の解読の歴史は、古代の知識を現代につなぐ壮大な学問的冒険の物語です。この物語は、古代のギリシア・ローマ時代の学者たちの初期の試みから始まり、中世・近世の試行錯誤を経て、近代におけるシャンポリオンの画期的な成果に至るまで、数世紀にわたる努力の積み重ねによって成り立っています。この長い旅路は、単に古代の文字を解読するという技術的な挑戦だけではなく、人類の文化的遺産への深い洞察と理解を深める試みでもありました。

ここまでのまとめと現代へのバトン

　古代エジプト文字に対する最初の興味と試みは、ギリシア・ローマ期にまでさかのぼります。この時期の学者たちは、ヒエログリフの謎に魅了され、その意味を解き明かそうとしましたが、多くの誤解に基づいた解釈を行ってしまいました。ホラポロンのような学者は、ヒエログリフを哲学的・象徴的な意味をもつものと見なしましたが、これらの初期の試みは、ヒエログリフの実際の音声的価値を理解することには至りませんでした。しかし、これらの試みは、後世の学者たちが古代エジプト文字の解読に興味をもち続けるきっかけとなりました。

　アラブの学者たちの役割は、しばしば過小評価されがちです

が、彼らは古代エジプト文字の解読において非常に重要な役割を果たしました。中世のイスラーム世界では、知識と学問の探究が重んじられ、アラブの学者たちは古代エジプトの遺物とテキストに深い関心を寄せました。彼らは、ヒエログリフを解読しようという試みを通じて、古代エジプト文化への理解を深め、クースのアタナシオスのコプト語文法学など、のちのヨーロッパの学者たちが立脚する学問的基盤の一部を築きました。イブン・ワフシーヤの表音文字の解読など、アラブの学者たちの努力は、文化や時代を超えた知識の継承という観点から評価されるべきであり、彼らの貢献は古代エジプト文字解読の歴史において重要な位置を占めています。

　解読の歴史は、多様な文化背景をもつ学者たちの連続した努力の物語であり、その中でもキルヒャーの役割はユニークな1ページを占めます。彼の研究は、ヒエログリフの解読に向けた直接的な成功には結びつきませんでしたが、その後のエジプト学において重要な影響を与えました。

　キルヒャーは、ヒエログリフが古代エジプトの神秘的な知識を秘めていると信じ、その解読に生涯を捧げました。彼は、ヒエログリフを象徴的・隠喩的なものと解釈し、これらの文字が宗教的・哲学的な真理を伝えるために用いられていると考えました。このような解釈は現代の視点から見れば誤りであったものの、キルヒャーの研究は、ヒエログリフに対する興味をヨーロッパの学問界に広める効果をもちました。彼の努力は、のちのシャンポリオンによるヒエログリフの解読へとつながる学問的な探究の連鎖の一部と見なすことができます。

近代に入ると、ド・サシ、オーケルブラド、ヤングなどの学者たちがヒエログリフの一部を解読するという部分的な成功を収めました。これらの学者たちは、ヒエログリフが単なる象徴ではなく、実際に特定の音声を表す文字であることを明らかにし始めました。特にヤングは、ロゼッタ・ストーンの研究において重要な役割を果たし、ヒエログリフ解読のための基礎を固めました。

　シャンポリオンのロゼッタ・ストーンを用いたヒエログリフの解読は、古代エジプト学における最も顕著な成果の1つです。シャンポリオンは、ヒエログリフが実際に音声を表す文字であることを 決定的に証明し、古代エジプト語を正確に読み解く鍵を提供しました。彼の成功により、エジプト学の新たな時代が幕を開けました。

　シャンポリオンのあと、本章で紹介するレプシウス、エルマン、ガーディナー、ポロツキーなどの学者たちが、古代エジプト語の言語学と文法の解明に貢献します。これらの学者たちの研究は、シャンポリオンが築いた基盤の上でさらに発展し、古代エジプトの文献のより深い理解を可能にしていきます。彼らの努力によって、古代エジプトの宗教・哲学・文学に関する知識が大きく広がり、エジプト学は学問としての地位を確立していくのです。

　このように、古代エジプト文字の解読の歴史は、ギリシア・ローマ期の学者たちからアラブの学者、ヨーロッパの中世・近世の学者、そして近代の学者たちに至るまで、多くの人々の試みと献身によって築かれました。それぞれの時代と文化的背景

をもつこれらの学者たちは、古代エジプトの謎を解明しようという共通の目標に向かって努力しました。シャンポリオンの成功は、この長い旅の1つの到達点にあたり、古代エジプトの文字と文化への理解を飛躍的に進展させることとなりました。そして、多くの学者たちの貢献は、エジプト学という学問分野の発展を支え、現代におけるエジプト学の基盤を形成しています。

発掘の成果をあげつつ文化財を保護する活動を始めた考古学者
マリエット〔フランス〕
Auguste-Ferdinand-François Mariette （1821〜1881）

ナダール撮影の肖像写真（フランス国立図書館蔵）

オギュスト・マリエットは、19世紀のフランスのエジプト学者であり、考古学者です。マリエットのエジプト学とのかかわりは、彼のいとこがシャンポリオンの友人であったことから始まります。シャンポリオンは、ヒエログリフの解読者として広く知られており、マリエットに大きな影響を与えました。

1850年、マリエットはコプト語文献の収集のため、ルーヴル美術館からエジプトに遣わされました。しかし、彼がエジ

プトに到着して間もなく、サッカラのセラペイオンなどの発掘作業に従事することになります。サッカラのセラペイオンは、アピス牛の埋葬地として知られる重要な遺跡（第Ⅱ部第1章コラム参照）であり、マリエットはここで多くの貴重な発見をしました。彼の発掘によって、古代エジプトの宗教観や葬送文化に関する新たな理解がもたらされたのです。

　そして、マリエットはエジプト考古局を設立し、初代長官としてエジプトの遺跡と文化財の保護に尽力しました。また、カイロ・エジプト博物館（最初はブーラーク博物館で、のちに現在のタハリール広場の博物館となりました）の設立に寄与して初代館長を務め、エジプトからの考古品の流出を阻止しながら、貴重な文化財を保護するための基盤を築きました。マリエットのこれらの努力によって、エジプトの遺産は保存され、良い状態を保って後世に伝えられることができました。

　マリエットは、エジプトの遺跡の科学的な調査と記録を行い、古代エジプトの歴史・宗教・社会に関する貴重な情報を明らかにしました。それだけでなく、彼が設立したエジプト考古局とカイロ考古学博物館は、エジプトの文化遺産を研究し、保護するための重要な機関として今日も活動を続けています。マリエットによる、エジプトからの考古品流出の阻止という取り組みは、国家としての文化遺産の重要性を世界に示した先駆的なものであり、のちの文化財保護の基準をかたちづくる基礎となりました。

　マリエットの人生は、単なる考古学者としての業績に留まらず、文化遺産を守り、研究することの重要性を世界に訴えた点

でも評価されます。彼の努力は、エジプトだけでなく世界中の文化遺産を保護する動きに影響を与え、その志は現代の文化財保護活動にも引き継がれています。

『ピラミッド・テキスト』を発見し、後進を育成した、シャンポリオンの「後継者」
マスペロ〔フランス〕
Gaston Camile Charles Maspero　（1846～1916）

ガストン・マスペロの肖像

　ガストン・マスペロは、19世紀後半から20世紀初頭にかけて活躍したフランスのエジプト学者で、この時代のエジプト学および考古学の分野において中心的な役割を担った人物です。彼はコレージュ・ド・フランスにおいて、シャンポリオンの後継者として第2代エジプト学教授に就任しました。この地位は、シャンポリオンがヒエログリフの解読に成功したあと、エジプト学が学問として確立されるにあたって重要な役割を果たしており、マスペロがその後継者として選ばれたことは、彼の学術的能力が高く評価されていた証拠です。

　また、マスペロはマリエットの後継者としてエジプト考古局

の長官およびカイロ考古学博物館の第2代館長に任命されました。この役職においては、エジプトの遺跡や文化財の保護および研究に大きく貢献し、エジプト考古学の発展に重要な足跡を残しました。しかし、その一方で、アブデル゠ラスール（アブド・アル゠ラスール）兄弟の逮捕・拷問という、現代の視点から見れば問題視されるような行動も行っています。アブド・アル゠ラスール兄弟は、古代エジプトの墓から貴重な遺物を盗み出していたとされる人物たちで、マスペロは彼らから情報を得るために厳しい手段を用いました。

　学問的には、マスペロは古代エジプト語の文法や碑文の研究で著名であり、その業績は多岐にわたります。特に、『ピラミッド・テキスト』（第Ⅰ部第3章でも紹介）の発見および研究は、マスペロの名を不朽のものとしました。これらのテキストは、サッカラにあるペピ1世のピラミッドをはじめとする場所から発見され、古代エジプトの宗教観や死後の世界に関する貴重な情報を提供するものでした。

　彼の遺した多数の著作と研究ノートは、エジプト学の基礎文献として、今後も研究者たちにとって貴重な資源となり続けるはずです。

　マスペロの指導のもと、カイロ・エジプト博物館はエジプト考古学の世界的な中心地としての地位を確立し、古代エジプトの貴重な遺産を保存し、研究する上で不可欠な役割を果たすようになりました。彼の努力により、多くの遺跡や遺物が科学的な方法で調査され、世界中の研究者や一般の人々に古代エジプトの知識が広まることとなりました。

　また、マスペロは後進の育成にも熱心であり、多くの若いエジプト学者たちに影響を与えました。彼の指導のもとで学んだ学生たちは、のちにエジプト学の分野で重要な業績を残し、マスペロの学問的遺産を引き継いでいきました。

二子音文字・三子音文字を発見し、シャンポリオンの解読を裏付けた大学者

レプシウス〔ドイツ〕

Karl Richard Lepsius　（1810〜1884）

カール・リヒャルト・レプシウスの肖像

　カール・リヒャルト・レプシウスは、19世紀に活躍したドイツ出身のエジプト学者で、シャンポリオン後の古代エジプト語の解明において画期的な役割を果たしました。彼はもともと、古代イタリア半島で話されていたウンブリア語文献の研究で博士号を取得した言語学者であり、その後、探検家で博物学者のアレクサンダー・フォン・フンボルト（1769〜1859）らの勧めでエジプト学研究へと進みました。彼の最も重要な業績には、古代エジプト語における二子音文字・三子音文字の発見があります。これらの発見は『Lettre à M. le professeur H. Rosellini（ロッセリーニ氏への書簡）』で公表さ

れ、古代エジプト語の研究に重要な発展をもたらしました。

　レプシウスは、古代エジプト語の直接の子孫言語であるコプト語の音韻体系を分析し、それを古代エジプト語の理解に活用することで、複雑な子音構造を解明し、この言語の音韻学的理解・文法理解を大きく進展させました。レプシウスのこのアプローチは、のちのエジプト学者たちによる言語解析にも応用されています。

　1842年から1845年にかけて、レプシウスはプロイセン王フリードリヒ・ヴィルヘルム4世（在位1840〜61）の後援のもと、エジプトとスーダンへの探検隊を率いました。この探検隊は、古代エジプトおよびヌビアの遺跡の記録を目的とした初の科学的調査の1つであり、多くの重要な遺跡の発見と記録を行いました。特に、ギザのピラミッド群やアブシール、サッカラ、ダハシュールの詳細な研究は、この探検隊による主要な成果です。彼らの成果は、『Denkmäler aus Ägypten und Äthiopien（エジプト・エチオピア記念誌)』という12巻の膨大な集成にまとめられました。これはエジプト学の研究にとって貴重な資料と、レプシウスの名をエジプト学の分野で不朽のものとしました。

　ちなみに、この一連の報告書は、フランスの『Description de l'Égypte（エジプト誌)』に刺激を受けたかなり大判の図書です。その後、第一次世界大戦で敗戦国となったドイツから、連合国側として戦勝国となった日本へ、賠償として渡されたものの中にも含まれました。

　レプシウスは、ベルリン大学エジプト学講座の初代教授とベルリン・エジプト博物館の館長も務め、エジプト学の分野で中

心的な役割を果たしました。さらに、彼はヌビア語研究のパイオニアとしても知られ、『Nubische Grammatik mit einer Einleitung über die Völker und Sprachen Afrika's（ヌビア語文法：アフリカの民族と言語に関する序論付き）』（1880年）を出版しました。

　レプシウスのエジプト学における業績は、単に古代エジプトの遺跡や文献を記録するだけにとどまらず、エジプト学という学問分野の確立に大きく貢献しました。彼の遺した多数の著作と研究ノートは、エジプト学の基礎文献として、今後も研究者たちにとって貴重な資源となり続けるでしょう。

デモティックの解読を大いに進めたゲッティンゲン大学教授
ブルクシュ〔ドイツ〕
Heinrich Karl Brugsh　（1827〜94）

1894年に撮影されたブルクシュの写真

　ハインリヒ・ブルクシュは、19世紀におけるドイツの著名なエジプト学者であり、特にデモティック、すなわち古代エジプト後期に使われた民衆文字の解読において顕著な業績を残しました。また、ブルクシュの弟エミール・ブルクシュはエッ゠デイル・エル゠バハリ（アラビア語で「北の修道院」の意。アッ゠ダイル

・アル＝バハリー　※アル＝ディール・アル＝バフリーとも）のロイヤル・カシェ（TT320：テーベの墓320番。ラメセス２世など多数の王のミイラが隠されていた）の発見で知られるエジプト考古学者です。ブルクシュ兄弟は、それぞれの分野で顕著な業績を残し、古代エジプト学の発展に貢献しました。

　ハインリヒ・ブルクシュの業績は、デモティックの解読に関する著作『Scriptura Ægyptiorum Demotica（エジプト民衆文字)』に象徴されます。この著作は、1848年に発表され、デモティックの理解と解読に大きな進展をもたらしました。彼は、デモティック文献の広範なコレクションを作成し、古代エジプトの経済・宗教・法律・社会生活に光を当てました。これらの文献は、古代エジプトの日常生活や人々の思考を理解する上で欠かせない情報源となっています。

　ブルクシュの研究は、古代エジプトの文書や言語に関する理解を深めるだけでなく、エジプト学という学問分野の方法論にも大きな影響を与えました。彼は、デモティック文字だけでなく、ヒエログリフやヒエラティックといったほかの古代エジプトの文字体系にも精通しており、その研究はエジプト学者たちがこれらの文字を解読し、古代エジプト文化についての新たな知見を得るための基盤となりました。

　また、ブルクシュは、権威あるエジプト学の学術雑誌『Zeitschrift für Ägyptische Sprache und Altertumskunde（エジプト語学と考古学のための学術誌)』の共同編集者としても活動し、この雑誌を通じて、エジプト学の最新の研究成果を世界中の学者たちと共有しました。彼のこのような活動は、エジプト学という

学問分野の国際的なコミュニティを形成し、強化する上で重要な役割を果たしました。

　ゲッティンゲン大学エジプト学講座（ドイツで2番目に設置されたエジプト学講座）の初代教授として、ブルクシュはドイツにおけるエジプト学の教育と研究の基盤を築きました。彼の指導のもと、多くの優れた学生たちがエジプト学者として成長し、のちにこの分野で重要な業績を残すことになります。ブルクシュの影響は、彼の直接の学生たちだけでなく、エジプト学という学問分野全体に及んでいます。

現存最古の医学書とされるパピルスを発見したエジプト学者

エーベルス〔ドイツ〕

Georg Moritz Ebers　（1837〜98）

　ゲオルク・エーベルスは、19世紀後半のドイツを代表するエジプト学者です。彼はベルリンにおいて、キリスト教に改宗したユダヤ人の上流階級家庭に生まれました。

　彼の学問への情熱は、ゲッティンゲン大学で法律学を学ぶ中で芽生え、さらにレプシウスにエジプト学を習ったことで、古代エジプトの文化・言語へ深い関心をもつに至りした。1865年にイェーナ大学で私講師としてキャリアをスタートさせ、その後、1869年にエジプト学の教授に就任します。翌年、ライプツィヒ大学の特任教授に選ばれ、1875年には正教授としての地位を得ることで、さらに学者として飛躍しました。

　エーベルスの研究キャリアの中で特に注目すべきは、1869〜

小説の口絵にあるエーベルスの肖像画

70年と1872〜73年の２度に
わたるエジプトへの調査旅
行です。これらの旅行では、
紀元前1500年頃の医学書で
ある「エーベルス・パピル
ス」を入手するという顕著
な成果を上げました。この
古代文書は、現存する最古
の医学書とされ、古代エジ
プトの医学と科学に関する
貴重な情報をもたらしまし

「エーベルス・パピルス」

た。この発見によりエーベルスの名はエジプト学の分野で不朽のものとなりました。

　1895年には、エーベルスの学問への貢献が認められ、バイエルン王立科学アカデミーの会員に選出される栄誉を受けました。この選出は、彼の研究が学術界において高く評価されていることの証しです。

ナチスの迫害に遭いながらもエジプト語の文法解明を進めた学者
エルマン〔ドイツ〕
Johann Peter Adolf Erman　（1854〜1937）

エルマンの肖像写真（1929年）

　アドルフ・エルマンは、ベルリンで生まれたドイツの著名なエジプト学者であり、辞書編纂者でした。彼の家系は数々の科学的業績で知られており、父は物理学者であるゲオルク・アドルフ・エルマン（1806〜77）、祖父は物理学者のパウル・エルマン（1764〜1851）と天文学者のフリードリヒ・ヴィルヘルム・ベッセル（1784〜1846）です。ライプツィヒ大学でエーベルスに学び、ベルリン大学でレプシウスに師事したのち、1883年にベルリン大学のエジプト学の准

教授に就任し、1892年には正教授へと昇進しました。1885年には王立博物館のエジプト部門のディレクターに任命されるなど、彼のキャリアは多岐にわたります。しかし、1934年にナチスのイデオロギーにより「4分の1ユダヤ人」と見なされて、大学の教員から除外されるという試練も経験しました。それにもかかわらず、彼は研究を続け、その成果を後世に残しました。

エルマンはエジプト語、特に新エジプト語の文法研究において顕著な業績を残しました。彼と彼が属するベルリンの学派は、エジプト語の文法を解明するために特別な研究を30年以上にわたって行いました。古代エジプトの文献の大部分がいまだ手付かずであったことから、エジプト語史上の異なる時期における言語同士を比べながら、その文法の変化をたどっていくことにしたのです。時代ごとの特徴的なテキストを選択し、比較していくことにより、エジプト語全体としての体系的な文法概要を描くことができたのです。

エルマンは、エジプト語とセム語の関係に関する文法研究を行い、中エジプト語と新エジプト語の文法書を出版しました。これらの文法書は、中エジプト語と新エジプト語の文法的な大きな違いを明らかにし、古代エジプト語学の理解を深める上で貴重な資料となっています。

彼の著作には、新エジプト語を見出し、その文法を初めてまとめた『Neuägyptische Grammatik（新エジプト語文法）』など、様々な時代のエジプト語文献に関する研究があります。また、エジプト語の全体構造を体系的に把握するための重要なステップとして、中王国時代のヒエラティックで書かれた物語のパピ

ルスを利用しました。これらの研究を通じて、エルマンはエジプト語の時代ごとに異なるそれぞれの文法を概説できるところまでたどり着きました。

　エルマンの業績は、エジプト学、特にエジプトの言語学の分野において基盤を形成しました。彼の指導のもと、多くの学者が育ち、その中にはアメリカの初代エジプト学教授であるジェームズ・ヘンリー・ブレステッド（1865〜1935）や、コプト語文法の研究を進めたゲオルク・シュタインドルフ（本章後半で紹介）などがいます。彼らはエルマンの研究を基に、エジプト学のさらなる発展に貢献しました。

　エルマンの最も大きな成果は、エジプト学における重要な辞書、『Wörterbuch der ägyptischen Sprache（エジプト語辞典）』の編纂です。この辞書は、世界中の共同研究者とともに始められたプロジェクトで、既知のエジプト語テキストからすべての単語をカタログ化するという壮大な試みでした。1926年から1931年にかけて出版されたこの辞書の初版は、エジプト学の分野での傑作とされ、エジプト語研究の土台となっています。

　また、エルマンは、ハインリヒ・ブルクシュとともに前述の『Zeitschrift für Ägyptische Sprache und Altertumskunde（エジプト語学と考古学のための学術誌）』の編集を行い、エジプト学の研究成果を広く発信しました。この雑誌は、エジプト学における最も重要な学術雑誌の１つとして、今日に至るまで大きな影響をもっています。さらに、1888年からはゲッティンゲン科学アカデミーの会員としても活動し、エジプト学の分野での地位を確固たるものにしました。

エルマンは、特にエジプト語の文法研究と、エジプト学の発展に対する貢献によって、現代も高く評価されています。

ゼーテ〔ドイツ〕

Kurt Heinrich Sethe （1869〜1934）

クルト・ゼーテの肖像

クルト・ゼーテは、ベルリンで生まれた、20世紀初頭に活躍したエジプト学者および言語学者です。彼は、エルマンの指導のもと、エジプト学の研究に身を投じ、特にエジプト語動詞の体系化において顕著な業績を残しました。ゼーテは、古代エジプトの文学とテキストに関する重要なカタログである『Urkunden des ägyptischen Altertums（古代エジプト資料）』の編集を行い、この作品を通じて、古代エジプトの文献学に大きな貢献をしました。

彼の学問の旅は、1900年にゲッティンゲン大学でエジプト学の教授に任命されることで、新たな節目を迎えます。ゲッティンゲン大学での彼の活動は、エジプト学の分野における彼の影響力をさらに広げ、1923年にはベルリン大学の教授とし

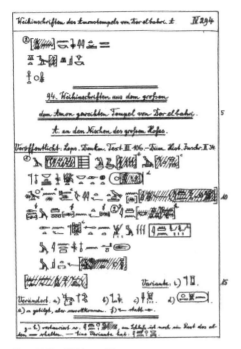

第18王朝の資料の一部

てそのキャリアを続けることになります。ゼーテの学術的業績には、多数の編集書や著書が挙げられ、特にサッカラで見つかった複数のピラミッドの内壁に刻まれた『ピラミッド・テキスト』の翻刻は、彼がエジプト学において残した重要な足跡の1つです。

　彼の教えや著作は今日でも多くの学者や研究者によって参照され続けており、古代エジプト文献の解読と研究における不可欠な情報源として位置づけられています。

『死者の書』を研究したドイツの学者
グラポウ〔ドイツ〕

Hermann Grapow （1885〜1967）

ヘルマン・グラポウの肖像

　ヘルマン・グラポウは、20世紀初頭に活躍したドイツのエジプト学者で、彼の学問的キャリアは、シュタインドルフやエルマンといった当時の著名な学者たちに触発されてエジプト語を学ぶことから始まりました。1905年、彼はベルリン大学のエジプト学科でエルマンの指導のもと学び、エジプト学の深い知識と理解を身につけることになります。

　グラポウの学者としての歩みは、1912年に『Das 17. Kapitel des ägyptischen Totenbuches und seine religionsgeschichtliche Bedeutung（エジプト死者の書の第17章とその宗教史的意味）』で博士号を取得することで、重要な節目を迎えました。この研究は、古代エジプトの宗教と文化に関する彼の深い洞察を示すものであり、彼の学問的業績の中でも特に注目に値するものです。

　1907年からは、エルマンが指揮する『エジプト語辞典』プロジェクトに助手として参加し、約140万枚に及ぶ単語カード

の分類作業に従事しました。この壮大なプロジェクトでの彼の貢献は計り知れず、特に第2巻においては、ヴォリャ・エリクセン（本章で紹介）とともに最も重要な寄稿者の一人となりました。この辞典は、エジプト学における基本的なリファレンスとして、今日まで広く利用されています。

　1922年、グラポウはベルリン・アカデミーから科学職員に任命され、その6年後の1928年には、エルマンの影響もあってベルリン大学の名誉教授となりました。しかし、彼のキャリアは、ナチスとの協力という暗い時期を経験することになります。第二次世界大戦後、ドイツ民主共和国において、彼はベルリン・アカデミー内に東洋学研究所を設立し、1956年にはその所長となりました。

　グラポウは、宗教史においても重要な寄与をしました。彼の生涯とキャリアは、複雑な時代背景の中で展開しましたが、エジプト語の理解を深め、古代エジプトの宗教と文化に光を当てた彼の研究は、後世の学者たちにとって大きな財産となっています。

デモティック語の研究を進めたデンマークの学者
エリクセン〔デンマーク〕

Wolja Erichsen　（1890～1966）

　ヴォリャ・エリクセンは、コペンハーゲン大学で東洋言語学を専攻し、1923年に修士号を取得した、デンマークの学者です。彼の学問的探究は、クルト・ゼーテからデモティック語を学ぶ

ことで、さらに深化しました。デモティック語とは、古代エジプト後期に用いられた筆記体の言語であり、エジプト学において重要な研究分野の1つです。ゼーテの指導のもと、エリクセンはこの分野について様々な知識と技能を身に付け、その後のキャリアにおいて才能を発揮することになります。

　エリクセンの学問的活動は、ベルリンでの『エジプト語辞典』プロジェクトへの参加によって、さらに発展しました。このプロジェクトでは、彼は前述のグラポウと並んで、辞典の第2巻の編纂において最も重要な協力者となっています。辞典プロジェクトへの貢献は、彼の専門知識と献身を示すものとなり、学術界における彼の評価を高めることになりました。

　1954年、エリクセンは字体情報をふんだんに載せた辞書『Demotisches Glossar（デモティック語彙集)』を出版しました。この読本集は、デモティック語の学習者や研究者にとって貴重な資料となり、エジプト学における彼の名声をさらに不動のものとしました。彼の研究は、現在もデモティック語の理解を深める上で不可欠なものとされています。

　また、エリクセンはカリグラフィの達人でもあり、『エジプト語辞典』の装幀を共同でデザインするなど、学術的な業績だけでなく、美的な面でも貢献をしました。彼の芸術的な才能は学術的な作品に独特の美しさを加え、高く評価されています。

　エリクセンは、1948年にマインツ大学の名誉教授となることで、さらに声望を得ました。そして、1955年には故郷デンマークに戻り、コペンハーゲン大学でコプト語の講師として教鞭をとったのち、1963年には72歳でエジプト学教授に就任し

ました。これらの地位は、彼が長年にわたり築き上げた学術的な業績と専門知識が、広く認められていることを示しています。それぞれの大学ではデモティック語研究の中心的な存在として多くのエジプト学者を育て上げ、その研究のバトンは現在も引き継がれています。

ヒエラティックの研究を進めたドイツの学者
メラー〔ドイツ〕

Georg Möller　（1876～1921）

スウェーデンのウプサラにあるメラーの墓碑

ゲオルク・メラーは、ベネズエラでドイツ商人の息子として生まれました。彼は、人生の早い段階から国際的な経験に触れます。わずか5歳のときに家族とともにハンブルクに移住した彼は、新しい環境での生活を始めますが、これが彼の人生において大きな転機となりました。

　1896年、メラーはベルリン大学に入学し、エルマンのもとでエジプト学・セム語学・古典文献学を学び始めます。この期間は、彼の学問的興味が形成され、古代エジプトの文化と言語に対する彼の情熱が育まれた時期でした。学業において顕著な才能を示したメラーは、ベル

リン・エジプト博物館の助手としての職を得て、1900年には博士号を取得します。

　1902年から1903年にかけて、メラーはエジプト学者ルートヴィヒ・ボルヒャルト（1863～1938）が率いるアブシールでの発掘プロジェクトに参加し、古王国時代のニウセルラー王のピラミッド神殿の発掘に従事しました。この経験は、彼にとって貴重な実地調査の機会となり、古代エジプトの遺跡に直接触れることで、彼の研究に深みを加えました。

　しかし、1907年8月には、給料の問題からボルヒャルトのアシスタントとしての職を辞し、ベルリンに戻ります。そのあと彼はエジプト博物館の副館長として勤務し、1912年にはヴィルヘルムス大学ベルリン（のちのベルリン・フンボルト大学）の私講師に就任して、1916年には教授に昇進しました。

　しかし、彼の学問的キャリアは第一次世界大戦によって中断されます。戦争中、ドイツ軍の兵士として小アジアで戦ったメラーは、マラリアに感染し、1921年に病死しました。彼の死は、エジプト学界にとって大きな損失でした。

　メラーの学術的遺産は、特に『ヒエラティック古書体学（Hieratische Paläographie）』によって後世に受け継がれています。この著作は1909年から1936年にかけて4巻にわたって出版され、ヒエラティックに関する重要な参考資料として、今日まで広く利用されています。

　メラーの人生は、短いながらもエジプト学において重要な足跡を残しました。彼の研究は、ヒエラティックの理解と解読に大きく貢献し、学術界でその名を不朽のものとしています。

デモティック研究で大きな業績を残した研究者

シュピーゲルベルク〔ドイツ〕

Wilhelm Spiegelberg　（1870～1930）

シュピーゲルベルクの肖像

　ヴィルヘルム・シュピーゲルベルクは、その人生を通じてデモティックの研究に大きな足跡を残した人物です。彼の生涯は、ユダヤ系ドイツ人としてのアイデンティティ、そして彼が追求した学術的探究の道のりによってかたち作られました。ハノーファーに生まれたシュピーゲルベルクの学問的旅路は、ベルリンの学び舎で始まります。ここで彼は、のちに彼の研究生涯で重要な役割を果たすことになる基礎知識と教養を身に付けました。

　その後、彼はシュトラースブルク（現在のフランス領ストラスブール）大学（当時はドイツ領内）に進み、博士号を授与されます。この時期に彼は強く興味をもっていた古代文明、特に古代エジプトに関する理解を深めました。ベルリンに戻った彼は、時代の巨匠エルマンのもとで学び、さらにヒエログリフに関する知識を深めるため、パリでマスペロの指導を受けました。

　その後、シュピーゲルベルクは、エジプトのテーベのネクロポリスでの発掘へ参加したことによって、古代エジプト文明の

直接的な証拠と触れ合う機会を得ました。この経験は、彼の研究に深い洞察と実践的な知識をもたらしました。また、カイロ・エジプト博物館でデモティック文書の目録作成に携わることになった彼は、この期間中にデモティックに関する重要な研究を行い、一連の出版物を発行しました。

　さらに、彼は、有名なドイツの作家トーマス・マンのエジプト旅行に同行するという、異色の経験もしています。この旅行で、シュピーゲルベルクはマンにエジプト文明の魅力を紹介し、彼の文学的想像力を刺激しました。

　そしてシュピーゲルベルクは、その学問的業績の集大成ともいえる『Demotische Grammatik（デモティック語文法）』を1925年に発表します。これは、デモティック研究における画期的な成果であり、現在も使用されている重要な著作です。

ナチスによって国を追われたコプト語文法家

シュタインドルフ〔ドイツ／アメリカ〕

Georg Steindorff　（1861〜1951）

　ゲオルク・シュタインドルフは、19世紀後半から20世紀中葉にかけての激動する時代背景に左右されながらエジプト学に重要な足跡を残した人物です。ドイツ東部のデッサウでユダヤ人家庭に生まれたシュタインドルフは、ゲッティンゲン大学でエジプト学を学び、1884年には『Prolegomena zu einer koptischen Nominalclasse（コプト語の名詞クラスへの序論）』を発表し、これによって博士号を取得しました。この著作は、コプト語学

シュタインドルフ（右）とアメリカのエジプト学者ジョージ・アンドリュー・ライズナー（左）、エジプトのギザにて（1935年、アルバート・モートン・リスゴーによる撮影）

という分野における基礎的な研究として、その後の学術界に大きな影響を与えました。

　1885年、シュタインドルフは宗教的な転換を伴う出来事に直面します。ゲッティンゲン大学教授で、反ユダヤ主義を唱えたパウル・ド・ラガルド（1827〜91）の指導のもと、シュタインドルフはユダヤ教からプロテスタントに改宗しました。これは個人的な信念の変化だけでなく、ドイツ民族主義が昂揚する当時の社会的、文化的背景が影響した結果の決断であったと考えられます。

　学術的キャリアにおいては、1893年にエーベルスの後任としてライプツィヒ大学の助教授に就任しました。1904年には正教授に昇進し、1923年から1924年にかけてはライプツィヒ大学の学長を務めるなど、彼のキャリアは順調に進みました。

この期間中、ライプツィヒ大学エジプト・コレクションの管理を担当し、のちにはライプツィヒ大学エジプト博物館へと発展させることに大きく貢献しました。

シュタインドルフは、1903年から1931年にかけてエジプトで様々な発掘調査を行いました。これらの発掘調査は、彼の学問的業績をさらに豊かにし、エジプト学のさらなる発展に貢献した重要な活動でした。彼の研究は、古代エジプト文明に関する新たな知見をもたらし、当時の学術界におけるエジプト学の地位を確固たるものにしました。

ユダヤ人排斥の空気が次第に社会を覆う中、世界的に高い評価を受けていたシュタインドルフは大学での職を追われることなくしばらく過ごしていましたが、ついに1939年、ナチスの迫害から逃れるために家族とともにアメリカに移住することを余儀なくされます。この移住は、彼の人生と学問的キャリアにとって大きな転機となり、新たな環境での生活と研究を強いられることになりました。

シュタインドルフの生涯は、その学術的貢献だけでなく、時代の変遷と個人の選択が交錯する複雑な歴史の一部としても理解されるべきです。彼の人生は、困難を乗り越えて学問的探究を続けた1人の学者の物語であり、後世の研究者たちにとって大きな刺激となっています。

イギリスにおける古代エジプト語研究の礎を築いた言語学者
グリフィス〔イギリス〕

Francis Llewellyn Griffith　(1862〜1934)

グリフィスの写真

フランシス・ルウェリン・グリフィスは、19世紀後半から20世紀初頭にかけて活躍した著名なイギリスのエジプト学者です。彼は、古代エジプト語やヌビア語、メロエ語、デモティック語などの言語の研究において重要な貢献を果たしました。

グリフィスは、ブライトンで生まれ、ブライトン・カレッジやセドバー・スクール、ハイゲート・スクールで教育を受けました。その後、オックスフォード大学のクイーンズ・カレッジに進学し、エジプト学を学びました。当時、オックスフォード大学にはまだエジプト学の学科がなかったため、グリフィスは独学で古代エジプト語を学ばなければなりませんでした。

グリフィスは、エジプト探査基金の学生としてフリンダース・ピートリー（1853〜1942）の指導を受け、ナウクラティスの発掘調査に参加しました。また、エドゥアール・ナヴィーユ（1844〜1926）のもとでも働き、テル・ネベシェやテル・

ゲマイェミの報告書を作成しました。

　グリフィスは、古代エジプト語やデモティック語、メロエ語などの文字の解読に尽力し、多くの重要な著作を残しました。中でも、『The Petrie papyri：Hieratic papyri from Kahun and Gurob（ピートリー・パピルス：カフーンとグローブにおけるヒエラティック・パピルス）』（1898年）は、中王国時代のヒエラティック文字で書かれたテキストを初めて解読した画期的な業績として知られています。また、『The Demotic Magical Papyrus of London and Leiden（ロンドンとライデンのデモティック魔術パピルス）』（1904〜1909年）や『Catalogue of the Demotic papyri in the John Rylands Library, Manchester（マンチェスター・ジョン・ライランズ図書館デモティック・パピルス・カタログ）』（1909年）などの著作も、デモティック語の研究に大きく貢献しました。

　グリフィスは、古代スーダンの言語と文化にも深い関心をもっていました。彼は、メロエ文字の解読にも成功し、この文字が古代エジプトのヒエログリフおよびデモティックを借りて、母音字ももつ表音文字として使用したものであることを明らかにしました。

　また、グリフィスは、ヌビアの遺跡の調査にも積極的に取り組みました。彼は、1907年から1913年にかけて、ファラス、カワ、サナムなどの古代遺跡を調査し、多くの重要な発見をしました。特に、カワでは、クシュ王朝のファラオであるタハルカの神殿を発掘し、「タハルカのスフィンクス」と呼ばれる美しい彫像を発見しました。

　グリフィスは、1924年にオックスフォード大学で初のエジプト学の教授に就任し、1932年まで在職しました。その間、多くの優れた弟子を育てました。

　グリフィスは、1934年に心臓発作のため亡くなりました。彼の遺言に基づき、1939年にはオックスフォード大学にグリフィス研究所が設立されました。この研究所は現在でもエジプト学や古代中近東言語学の研究の中心地として知られています。

中エジプト語の文法を解き明かした研究者
ガーディナー〔イギリス〕

Sir Alan Henderson Gardiner　（1879〜1963）

ガーディナー卿の肖像画（1938年の絵画、オックスフォード大学クイーンズ・カレッジ蔵）

　アラン・ヘンダーソン・ガーディナー卿は、20世紀初頭におけるイギリスのエジプト学における最も著名な学者の1人であり、彼の研究は特に古代エジプト語、中でも古典語としての地位を得た中エジプト語の理解において画期的な貢献をしました。

　ガーディナーの学問的歩みはパリでマスペロに師事することから始まり、オックスフォード大学のクイーンズ・カレッジでヘブライ語やアラビア

語などを学びました。1901年にオックスフォード大学を卒業
したのち、10年間ベルリンに滞在し、エルマンのもとで『エ
ジプト語辞典』の編纂に参加しました。また、ゼーテにも教え
を受けています。1927年には『Egyptian Grammar：Being an
Introduction to the Study of Hieroglyphs（エジプト語文法：ヒ
エログリフ研究の初歩となるもの）』を出版し、ヒエログリフ
を主題ごとにまとめた「ガーディナー記号リスト（Gardiner's
sign list）」を作成しました。彼はそれぞれの文字をカテゴリー
で分け、各カテゴリーにアルファベットの文字を割り当て、そ
のカテゴリーにある文字に番号を振り分けました。このやり方
は今でも広くエジプト語文献学で用いられています。彼の研究
は、父ヘンリー・ジョン・ガーディナー氏の経済的な支援に
よっても成り立っていました。その潤沢な資金力と知識で、ハ
ワード・カーター（1874～1939）によるツタンカーメン（トゥ
ト・アンク・アメン）の墓の発掘調査を支援したことでも知ら
れています。ガーディナーはケンブリッジ大学、ダラム大学、
オックスフォード大学などから名誉学位を受け、1948年には
ナイトの称号を授与されました。また、彼は近年発見された
ワーディ・エル゠ホール文字と並び、現存する最古のセム系諸
文字の1つである原シナイ文字の発見にも寄与しました。

　中エジプト語文法に関するガーディナーの著作は、彼の業績
の中で特に際立っており、エジプト語学の標準的な参考書とし
て今日までその地位を保ち続けています。この文法書では、中
エジプト語の文法規則・語彙・構文が包括的に解説されており、
古代エジプトの文学・宗教文書・行政文書を含む幅広い文献の

解読に不可欠な資料となっています。詳細な語法の解説と豊富な実例の解説により、エジプト語の複雑な構造を明瞭に示し、言語学者や歴史家、そして幅広い分野の研究者たちが古代エジプト語文献をより容易に理解することを可能にしました。

　ガーディナーは生涯にわたって古代エジプト語の文献を広範囲にわたって収集、分析を続け、その研究は言語学の枠を超えて古代エジプトの文化・宗教・社会構造に対する深い洞察を提供しました。

古代エジプト語における「ガンの法則」の発見者
ガン〔イギリス〕
Battiscombe George "Jack" Gunn　（1883〜1950）

1935年の家族写真　一番左の人物がガン、中央の女性が妻ミーナである

　バッティスクーム・ガンは、ロンドンに生まれ、幼い頃から古代エジプトの神秘的な文化に強く惹かれていました。彼の夢は、いつかエジプト学者になることでした。

　有名なパブリック・スクールで教育を受けたガンは、学生時代から古代エジプト語の習得に励みました。1906年、まだユニヴァーシティー・カレッジ・ロンドンの大学生だった彼は、古代エジプトの有名な

教訓文学『宰相プタハヘテプの教訓』と『カゲムニの教訓』の翻訳を出版し、エジプト学者としての才能を示しました。

　大学卒業後、ガンは様々な職を経験しましたが、エジプト学への情熱は変わりませんでした。1913年、彼は初めてエジプトを訪れ、フリンダース・ピートリーの発掘に参加しました。第一次世界大戦の勃発で一時帰国を余儀なくされましたが、1915年からアラン・ガーディナーのアシスタントとして働き、古代エジプト語の研究を続けました。

　1922年から1928年まで、ガンはエジプト政府の考古局に勤務し、ツタンカーメン王の墓の碑文の翻訳にも関わりました。1928年にはカイロのエジプト博物館の保存修復助手に就任し、古代エジプトのパピルス紙の製造実験なども行いました。

　1931年、ガンはペンシルベニア大学考古学人類学博物館のエジプト部門の学芸員となり、1934年にはオックスフォード大学のエジプト学の教授に就任しました。そこでは、学生の指導に情熱を注ぎ、多くのエジプト学者を育てました。

　研究者としてのガンは、古代エジプト語の文法研究で大きな成果を上げました。特に、『Studies in Egyptian Syntax（エジプト語統語論の研究）』（1924年）では、エジプト語の否定と時制の関係に関する「ガンの法則」を提唱し、現在でも教科書に登場する重要な発見となっています。

　私生活では、ガンは２度の結婚をしました。最初の妻ミーナとの間には、音楽家となった義理の息子パトリックと物理学者となった実子のイアンがいました。ミーナはフロイトに師事した精神分析医でもありました。

　バッティスクーム・ガンは、オックスフォードにて66歳で亡くなりました。彼の生涯をかけた古代エジプト語とエジプト学への貢献は、後世のエジプト学者たちに引き継がれ、今なお輝き続けています。

エジプト学のコミュニティの活性化に貢献した教育者
フォークナー〔イギリス〕

Raymond Oliver Faulkner　（1894〜1982）

　レイモンド・フォークナーは、20世紀のエジプト学における重要な人物の一人です。彼の学問的な旅路は、1918年にユニヴァーシティー・カレッジ・ロンドン（UCL）で、インド生まれのエジプト学者マーガレット・マレー（1863〜1963）の指導のもとヒエログリフの研究に取り組んだことから始まりました。この時期に受けた教育は、彼のキャリアにおける基礎を形成し、古代エジプト語に関する彼の長い研究の旅の出発点となりました。

　1926年には、彼はガーディナー（前節参照）の専任助手として働く機会を得ました。ガーディナーのもとでの経験は、フォークナーにとって、エジプト語の深い理解と解読技術を磨く貴重なものとなります。

　フォークナーは、1946年から1959年まで権威ある『Journal of Egyptian Archaeology（エジプト考古学ジャーナル）』の編集者を務め、エジプト学の学術コミュニティに大きく貢献しました。この期間中、彼はエジプト考古学の最新の研究成果と学

術論文を世界に発信する重要な役割を果たしました。

　1951年には、彼自身がかつて学んだユニヴァーシティー・カレッジ・ロンドンでエジプト語を教え始め、学問の世界での彼の地位をさらに確固たるものにしました。教育者として、フォークナーは次世代のエジプト学者たちを育成することに尽力し、彼の知識と情熱を学生たちに伝えました。1960年には、彼の学問への長年の貢献が認められ、ロンドン大学から博士号を授与されました。

　彼の業績の中でも特に注目すべきは、『Concise Dictionary of Middle Egyptian（中エジプト語簡易辞典)』（1962年）です。この辞書は、中エジプト語の研究における標準的な参考書として広く使用されています。フォークナーが提供した詳細な語彙の解説と解読は、エジプト学者だけでなく、言語学者や歴史家にとっても価値のある情報源となっています。

古代エジプト語学に革命を起こした研究者
ポロツキー〔ドイツ／イスラエル〕
Hans Jakob Polotsky　（1905〜91）

　ハンス・ヤーコプ・ポロツキーは、スイスのチューリヒでロシア系ユダヤ人夫婦の子として誕生しました。彼の学問的歩みは、ベルリン大学とゲッティンゲン大学でエジプト学を学んだことから始まりました。そこで彼はゼーテに師事し、古代エジプト語学の深遠な知識を吸収していきました。

　1926年から1931年の間、ポロツキーはゲッティンゲン科学ア

カデミーのセプトゥアギンタ（七十人訳聖書）研究所で共同研究員として勤務し、その間、『第11王朝の碑文（Zu den Inschriften der 11.Dynastie)』という題材で博士号を取得しました。

　ポロツキーの研究は、古代エジプトの碑文のみならず、より広範な分野に及びます。1933年から1934年にかけては、ベルリンでコプト語文献学者カール・シュミット（1868〜1925）とともにコプト語マニ教文献テキストの編集作業に携わりました。この作業は、のちに彼が行う研究の方向性を決定づけるものでした。

　1935年には、ユダヤ人排斥の政治的な圧力を避けるために委任統治領パレスチナに移住し、エルサレムのヘブライ大学で研究を続け、そこで1948年には教授の地位を得ました。エルサレムでの彼の研究は、特にコプト語統語論（語を組み合わせて文がどのように構成されているかを研究する言語学の一分野）に関するもので、1944年に発表された『Études de syntaxe copte（コプト語統語論)』は、コプト語の「第二時制」と呼ばれるものが副詞節焦点化であることを明らかにしました。焦点化というのは、文中の特定の要素に注意を向けるために文の構造を変化させる現象を指します。この発見は、古代エジプト語の動詞体系の理解を一新するものであり、エジプト学における大きな進展となりました。

　ポロツキーの研究は、彼が1953年にエルサレムのヘブライ大学に言語学部を創設し、人文学部の学部長に就任したことによって、さらに影響力を増しました。彼のもとで学んだ学生たち、例えば古代エジプト文献の膨大な英訳で知られるミリアム・リヒトハイ

ム、新エジプト語の研究で知られるサラ・イスラエリート゠グロル、コプト語の研究で知られるアリエル・シシャ゠ハレヴィーなどは、その後各自の分野において顕著な業績を残しました。

新王国時代の文献と新エジプト語文法を研究したエジプト学の巨人
チェルニー〔チェコ／イギリス〕
Jaroslav Černý （1898〜1970）

微笑みをたたえるチェルニー

ヤロスラフ・チェルニーは、20世紀のエジプト学界を代表する巨人の１人として、生涯をかけて古代エジプトの言語と文化の解明に情熱を注ぎました。

チェルニーの研究人生で特に印象的なのは、新王国時代の職人たちの生活と社会構造を明らかにしたことでしょう。デイル・エル゠メディーナ（ダイル・アル゠マディーナ ※ディール・アル゠マディーナとも）は、新王国時代（前1550〜前1069）に王家の墓を築いていた職人たちが暮らしていた場所として知られています。チェルニーは、チェコのプラハ・カレル大学で学んだあと、フランス・オリエント考古学研究所と協力して、この村の遺構の発掘調査に参加しました。ここで発見された数多くの文字資料、

例えばオストラコンやパピルスを丹念に分析し、当時の人々の日常生活や社会のあり方を浮き彫りにしていったのです。

　第二次世界大戦後、チェルニーはユニヴァーシティー・カレッジ・ロンドン（UCL）とオックスフォード大学でエジプト学の教授として活躍し、研究者としての地位を不動のものにしていきました。言語学と歴史学の両方に通じていた彼は、古代エジプト語の文法や単語の研究を通して、エジプトの歴史と文化の理解を深めることに力を注ぎました。チェルニーの研究は、単に言語の仕組みを明らかにするだけでなく、言葉の背景にある人々の営みや思いを読み解くことを目指していたのです。

　また、チェルニーの功績として、新エジプト語の文法と語彙の解明に大きく貢献したことも見逃せません。さらに、ヒエラティックやデモティックなど、古代エジプト文字の解読にも尽力し、エジプト学の発展に大きく寄与しました。

　チェルニーの学問に対する情熱と献身的な姿勢は、彼の著作からもひしひしと伝わってきます。古代エジプトの宗教や文化についての数多くの著作は、今も多くの研究者たちに読み継がれ、エジプト学の礎となっています。

　チェルニーの人となりを語る上で、彼の学問への情熱と真摯な姿勢を忘れてはなりません。チェルニーは、生涯にわたって古代エジプトの言語と文化の解明に全身全霊で取り組みました。彼の研究室では、深夜まで明かりが灯っていたといいます。そんなチェルニーの姿は、同僚や弟子たちから深い尊敬と愛情を集めていました。

　チェルニーは、長年にわたって新エジプト語の文法書の出版

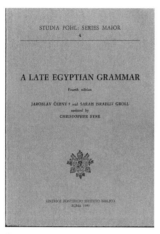

『新エジプト語文法』(1993;第4版)の表紙

を構想していました。彼は膨大な量の文字資料を丹念に分析し、新エジプト語の文法体系を体系的にまとめ上げようと試みたのです。しかし、その作業は困難を極めました。新エジプト語の文法は、他の言語段階と比べても複雑な様相を呈しており、その全容を明らかにするには、長年の研究と膨大な労力が必要だったのです。

　チェルニーは、新エジプト語文法書の出版に向けて、弟子たちとともに日夜研究に励みました。彼らは、世界中の博物館や研究機関に散らばる新エジプト語の文字資料を集め、1つ1つ丁寧に分析していきました。その作業は、まさに探偵のような作業でした。断片的な情報から文法規則を導き出し、それを体系的に整理していくのです。

　チェルニーの新エジプト語文法書は、当初の予定よりも大幅に遅れて出版されました。その理由の1つは、チェルニーの完璧主義にあったといわれています。彼は、新エジプト語文法の全容を明らかにするまで、決して妥協しなかったのです。弟子たちからは「先生、そろそろ出版しませんか」と催促されることもありましたが、チェルニーは「まだだ、まだ完璧ではない」と言って、出版を引き伸ばし続けたのだといいます。

　しかし、チェルニーの死去により、新エジプト語文法書の出版は、彼の弟子であるサラ・イスラエリート゠グロルの手に委ねられることになりました。グロルは、チェルニーから直接指導を受けた弟子の1人であり、新エジプト語研究の第一人者でした。彼女は、チェルニーの遺志を継ぎ、新エジプト語文法書の完成に尽力しました。

　グロルは、チェルニーの膨大な研究ノートを整理し、未完成だった部分を補完していきました。それは、まさに師の意志を受け継ぐ弟子の仕事でした。グロルは、チェルニーの研究方法を忠実に守りながら、新たな知見も取り入れ、文法書の完成度を高めていったのです。

　こうして、チェルニーとグロルの共同作業によって、新エジプト語文法書は完成を見ました。それは、師弟2代にわたる研究の結晶であり、エジプト学界に大きな衝撃を与えました。この文法書は、今日でも新エジプト語研究の必読文献として、世界中のエジプト学者に読み継がれています。

チェルニーの『新エジプト語文法』の完成者

イスラエリート゠グロル〔イスラエル〕

Sarah Israelit-Groll　（1925〜2007）

　サラ・イスラエリート゠グロルは、イスラエル出身の著名なエジプト学者であり、言語学者です。彼女はテルアビブで生まれ、エルサレムで育ちました。彼女の父は、エルサレムで最初の科学的に訓練された医師であり、地域社会への貢献から、市

サラ・イスラエリート＝グロル
（Hhcoap own work, CC BY-SA 4.0）

民賞「ヤキール・イェルシャライム」の称号を受けた敬慕すべき人物でした。

イスラエリート＝グロルはヘブライ大学で歴史と哲学を学び、その後教師としての訓練を受けました。彼女と夫のメシュラム・グロルは、キブツ・マアバロット（キブツとは、集団農業を基盤とした共同体）で共同生活を送りながら働いていました。しかし、彼女の学問への情熱は尽きることがなく、再びヘブライ大学に戻り、ポロツキーのもとで中エジプト語を学びました。ポロツキーは厳格な教育者として知られていましたが、彼女は彼の教育方法に適応し、優秀な生徒となりました。ポロツキーの指導のもと、彼女は博士論文「後期エジプト語における否定文パターン」に取り組み、エジプト学者としての基盤を築きました。

イスラエリート＝グロルは、特に新エジプト語（ラメセス朝）の動詞体系に関する研究で知られています。彼女の研究は、古代エジプト語の文法と構文に関する新たな洞察を提供し、エジプト学の発展に大きく貢献しました。彼女の代表的な著作には、『Non-Verbal Sentence Patterns in Late Egyptian（新エジプト語における非動詞文のパターン）』（1967年）、『The Negative

228

Verbal System of Late Egyptian（新エジプト語における動詞の否定体系）』（1973年）、『A Late Egyptian Grammar（新エジプト語文法』（1984年、チェルニーの遺稿を、現リヴァプール大学教授のクリストファー・エアの援助とともに完成させた）などがあります。これらの著作は、後期エジプト語の理解を大きく進展させ、エジプト学の分野で広く評価されています。

　イスラエリート＝グロルの研究は、エジプト語の文法構造や動詞体系に関する詳細な分析に基づいており、特に否定文や文法形式の違いに焦点を当てています。彼女は、文の構造を理解するために定義や要素の順序の重要性を強調し、ラメセス朝の文学と非文学のテキストの違いにも注目しました。これらの研究は、言語の発展と変化を理解する上で重要な手がかりを提供しています。

　イスラエリート＝グロルは、学問的な研究だけでなく、教育者としても大きな影響を与えました。彼女はヘブライ大学にエジプト学科を設立し、多くの学生を育成しました。彼女の教えを受けた学生たちは、現在、世界各地で活躍するエジプト学者となっています。

チェルニーの弟子でエジプト人の古代エジプト語研究者
バキール〔エジプト〕

Abd el-Mohsen Bakir　（20世紀）

　アブデル＝モホセン・バキール（アブド・アル＝ムフスィン・バキール）の人生は、エジプト学に捧げられた情熱と献身

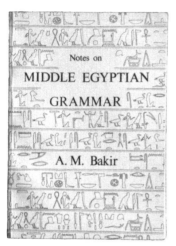
『中エジプト語の文法研究』

の物語です。

　エジプトの首都カイロに生を受けたバキールは、幼い頃から古代エジプトの神秘的な文化に強く惹かれていました。彼の夢は、いつかエジプト学者になることでした。カイロ大学での学生時代、バキールは古代エジプト語やヒエログリフの解読、考古学などを熱心に学びました。特に、古代エジプト語の文法構造に強い関心を抱くようになります。そして、指導教官であったチェルニー教授との出会いが、彼の人生を大きく変えることになりました。教授の深い学識と情熱的な指導に感銘を受けたバキールは、エジプト学者への道を一層強く志すようになったのです。

　卒業後、バキールはカイロ大学の教員となり、エジプト語や考古学を教えながら研究を続けました。学生たちは彼の講義を非常に楽しみにしていました。難解な文法事項も、バキールの丁寧な説明によって次第に明瞭になっていくからです。彼は学生1人1人と向き合い、エジプト学の面白さを伝えることに全力を注ぎました。

　研究者としてのバキールは、新エジプト語の文法研究で大きな成果を上げました。彼は言語学的な視点からエジプト語の文

法構造を緻密に分析し、特にセム語との関連性に着目しました。1960年に発表した『Notes on Late Egyptian Grammar: A Semitic Approach（新エジプト語文法に関する覚書：セム語的アプローチ）』は、その集大成ともいえる著作です。この研究により、エジプト語とセム語の文法的な類似性が明らかになり、両言語の歴史的な関係性も浮き彫りになりました。

　バキールのエジプト語の文法研究は、特に中エジプト語の動詞の構造に焦点を当てています。文法的な規則や構文のパターンを詳細に解析し、古代エジプト語の理解を深める重要な資料となっています。この研究は、『Notes on Middle Egyptian Grammar（中エジプト語文法に関する覚書)』としてまとめられ、今なお古代エジプト語研究者にとって必読の書となっています。

　また、バキールは古代エジプト語教育にも尽力しました。『An Introduction to the Study of the Egyptian Language（エジプト語の学習の入門)』は、古代エジプト語の基礎を学ぶための入門書であり、特に学生や初心者にとって役立つ内容が含まれています。文法や構文の基本を明快に解説したこの本は、教育の現場でも広く利用されています。

　バキールの研究は、言語学的な側面だけでなく、古代エジプトの社会や文化にも及びました。『Egyptian Epistolography from the Eighteenth to the Twenty-first Dynasty（エジプト書簡学)』では、エジプト第18王朝から第21王朝までの手紙や書簡を分析し、当時の社会的、政治的なコミュニケーションの方法やその変遷について考察しています。この研究は、言語だけでなく、古代エジプト社会の実態を知る上でも貴重な手がかりを

与えてくれます。

　また、バキールは古代エジプトの社会構造にも大きな関心を寄せていました。1952年の『Slavery in Pharaonic Egypt（ファラオ期エジプトの奴隷制）』では、これまであまり注目されてこなかった古代エジプトの奴隷制について詳細な分析を行いました。膨大な史料を丹念に読み解いたこの研究は、古代エジプト社会の実態を知る上で欠かせない文献となっています。

　師であるチェルニー教授とは、生涯にわたって親密な関係を築きました。共同研究では、お互いの知見を持ち寄り、活発な議論を交わしました。師弟二人三脚で進めた研究は、エジプト学の発展に多大な貢献をもたらしたのです。

　エジプト人のエジプト学者であるバキールの学問に対する真摯な姿勢と情熱は、多くの後進の研究者たちを勇気づけました。彼の著作や教えは、今もなおエジプト学を志す者たちの指針となっています。

　そのほかにも、様々な研究者がおり、活動地もヨーロッパにとどまらず、南北アメリカ大陸、日本を含むアジア、オセアニア、そして、エジプトを含むアフリカに広がっています。彼らは現在も日々、古代エジプト語文献の読解（解読）に取り組んでおり、古代エジプト語の全容解明が進んでいます。

あ と が き

　古代エジプトの神秘の扉を開き、太古の昔から沈黙を守り続けてきたヒエログリフの秘密に迫る旅はいかがでしたか。私たちは、シャンポリオンをはじめとする勇敢な知性の持ち主たちとともに、未知なる文字の謎に立ち向かう冒険に出ました。彼らの情熱と献身、そして決してあきらめない探究心に、きっと感銘を受けたことでしょう。

　ヒエログリフの解読史をたどると、私たちは人間の知恵と想像力の素晴らしさを改めて実感させられます。一見すると不可能に思える難題にも、観察と分析、そして創造的な発想によって立ち向かう人間の知性は、どんな障壁をも乗り越えていく力をもっているのです。シャンポリオンの天才的な発見は、まさにその力の結晶だといえるでしょう。

　しかし同時に、ヒエログリフ解読の歴史は、私たちに謙虚さも教えてくれます。古代エジプト人が残した文字は、現代に生きる私たちの想像をはるかに超える奥深さと複雑さをもっています。ヒエログリフを完全に理解するには、まだまだ多くの謎が残されているのです。私たちは、ヒエログリフの解読に取り組んだ人々から、知的な探究心と謙虚な姿勢の大切さを学ばなければなりません。

　本書を読み進める中で、あなたは古代エジプト文明への理解を深めただけでなく、人間の知的営みの素晴らしさと尊さについても考えさせられたのではないでしょうか。私たちは今、先人たちの偉業の上に立ち、その遺産を引き継いでいます。そし

て、未来の世代に、さらに豊かな知識と洞察を託していく責任があるのです。

　ヒエログリフの解読は、まだ完結してはいません。今なお、世界中の研究者たちが、古代エジプトの言葉と文化の謎に挑み続けています。新しい発見が、私たちの理解を更新し、時には覆すこともあるでしょう。でも、それこそが知的探究の醍醐味であり、人類の知恵の進歩なのです。

　この本が、あなたにとって古代エジプトの魅力を知るきっかけになり、人間の叡智への敬意を新たにする機会になれば、筆者としてこれ以上の喜びはありません。そして、もしこの本があなたの好奇心を刺激し、ヒエログリフや古代エジプト文明をさらに深く学んでみたいという意欲をかき立てたのなら、ぜひその思いを大切にしてください。あなたもまた、「読めない文字に挑んだ人々」の1人となる可能性を秘めているのですから。

　　　　　　　　　　　　　　　　　宮川　創

謝 辞

　本書の執筆にあたり、多くの方々から暖かいご支援とご協力を賜りました。ここに心より感謝申し上げます。

　金沢大学の河合望先生には、監修として本書の原稿を隅々まで丁寧に読んでいただき、非常に示唆に富む貴重なコメントを多数いただきました。また、研究者としての心構えや様々な事柄についても的確なご助言・アドバイスを賜りました。先生の手厚いご指導は、本書の完成に欠かせないものでした。心より御礼申し上げます。

　筑波大学の肥後時尚さん、早稲田大学の有村元春さん、金沢大学の加藤慎一さん、駒澤大学の高野弥生さん、国立情報学研究所・東京大学の小川潤さんには、本書の校正に際し、細部にわたって的確なご指摘とコメントをいただきました。お忙しい中、惜しみないお力添えを賜り、深く感謝しております。

　慶應義塾大学をはじめとする各大学やNHKラジオ講座などのメディアでアラビア語教育に携わっておられる榮谷温子先生には、アラビア語のカタカナ表記に関して親切丁寧にご教示いただきました。先生とのご相談の結果、長母音表記を保ちながらアーンミーヤ・ベースでカタカナ化し、フスハー・ベースのカタカナを丸括弧に入れる案に落ち着きました。心強い味方となっていただき、本当にありがとうございました。

　本書の元となった講演は、古代オリエント博物館の田澤恵子先生・津村眞輝子先生のご招待のもとで、行わせていただきました。名古屋大学の河江肖剰先生には、オンライン上での対談というかたちでその前段階になる内容を発表させていただき、その後も研究を続けていく中で常に励ましていただきました。この貴重な機会を与

えてくださった先生方に、心より御礼申し上げます。

　また、本書の第II部第2章は、オカーシャ・エル＝ダーリ（ウカー シャ・アッ＝ダーリー）先生に依るところが大きいです。筆者の質 問に丁寧にお答えくださったオカーシャ先生、そして、オカーシャ 先生にお目にかかる機会を設けていただいた大稔哲也先生に感謝申 し上げます。

　京都大学では定延利之先生のご調整のもと、2021年度に古代エジ プト語・コプト語の授業を受け持たせていただきました。東京外国 語大学オープン・アカデミーでは、中川裕先生のコーディネーショ ンのもと、コプト語の授業を2020年度より続けさせていただいてお ります。駒澤大学では大城道則先生のもと、2024年度より中エジプ ト語の授業を担当させていただく機会に恵まれています。先生方の 温かいご指導とご配慮に、心から御礼申し上げます。

　ゲッティンゲン大学で中エジプト語と新エジプト語を教えていた だいたカミーラ・ディ・ビアーゼ＝ダイソン先生、デモティック語を 教えていただいたフランク・フェーダー先生、コプト語の師であり、 主任指導教官（ドクタームッター）であったハイケ・ベールマー先生、プトレマイオス朝 期の中エジプト語を教えてくださったハイケ・シュテルンベルク＝ エル＝ホタビ先生、中エジプト語を中心に様々な文法上の疑問に答 えてくださったダニエル・ヴェアニング先生に感謝申し上げます。

　北海道大学で言語学の基礎を教えてくださった佐藤知己先生、李 連珠先生、池田証壽先生、清水誠先生、聖書学を教えてくださった 佐々木啓先生、千葉惠先生、ギリシア語・ラテン語を教えてくだ さった安西眞先生、川嵜義和先生、京都大学大学院文学研究科言語 学専修でご指導くださった吉田豊先生、吉田和彦先生、田窪行則先 生、千田俊太郎先生、アダム・キャット先生、定延利之先生、大竹

昌巳先生に感謝申し上げます。

　古代・東方キリスト教研究会でご指導いただいた高橋英海先生、戸田聡先生、武藤慎一先生、青木健先生、浜田華練先生、砂田恭佑先生、三代川寛子先生、辻明日香先生、エルサレム・ヘブライ大学でコプト語の動詞のデータベースプロジェクトの客員研究員として受け入れてくださったエイタン・グロスマン先生、古代エジプト語文字学についてご指導いただいたオルリー・ゴルトヴァッサー先生、UCLで中エジプト語を教えてくださったビル・マンリー先生とホセ゠ラモン・ペレス゠アクシーノ先生にも御礼申し上げます。

　エジプトでいつも調査にご協力いただいているコプト博物館館長のジハーン・アーテフ先生、元コプト博物館学芸員で、現在はカイロ考古学博物館学芸員のハディール・ベラール先生、アシュート大学教授のマグディ・アルワーン先生、同大学講師のモナ・サーウィ先生に感謝申し上げます。

　日本での学生時代から授業や講演等でお世話になった先生方、山花京子先生、周藤芳幸先生、熊倉和歌子先生、高宮いづみ先生、中野智章先生、和田浩一郎先生、吹田浩先生、藤井信之先生、永井正勝先生、西村洋子先生、高橋亮介先生、矢澤健先生、菊地敬夫先生、花坂哲先生、西本真一先生、安岡義文先生、馬場匡浩先生、柏木裕之先生、矢羽田万奈美先生、長谷川奏先生、高橋寿光先生、山崎世理愛さん、山田綾乃さん、吉野宏志さん、坂本翼さん、竹野内恵太さん、山地妃奈さんをはじめとするエジプト学の諸先生方・先輩方に、心より御礼申し上げます。先生方から学んだ知識と研究への情熱が、本書の礎となっています。ここに記して、深い感謝の意を表します。

　職場で支えてくださっている、柴田大輔先生、池田潤先生、山田

重郎先生をはじめとする筑波大学人文社会系および西アジア文明研究センターのみなさま、これまでの職場で支えてくださった、高田智和先生、石黒圭先生、前川喜久雄先生、田窪行則先生、松本曜先生、小磯花絵先生、小木曽智信先生をはじめとする国立国語研究所のみなさま、喜多千草先生、吉井秀夫先生、宮崎泉先生をはじめとする京都大学大学院文学研究科の先生方、内田慶市先生、藤田髙夫先生、二階堂善弘先生、沈国威先生をはじめとする関西大学KU-ORCASの先生方にも御礼申し上げます。

　デジタルヒューマニティーズのプロジェクトや研究会でよくご指導・ご助言いただく永崎研宣先生、大向一輝先生、北本朝展先生、中川奈津子先生、小風尚樹先生、石田友梨先生をはじめとするみなさまにも感謝をお伝えしたいです。

　最後になりましたが、幼少期より吉村作治先生のテレビ番組や著書、近藤二郎先生の著作に触れ、古代エジプトの魅力に引き込まれてきました。お2人の先生の情熱あふれる姿勢に、研究者への道を歩むきっかけをいただきました。長年にわたり温かく見守り、励まし続けてくださったことに、心の底から感謝しております。

2024年6月11日

宮川　創

参考文献

参考文献につきましては、以下のURLもしくは右の二次元
コードよりご覧ください。

https://www.yamakawa.co.jp/statics/hieroglyph.pdf

画像出典

p. 8　ユニフォトプレス提供

p. 10　著者提供

p. 11　メトロポリタン美術館：所蔵番号30.3.31　Rogers Fund, 1930

p. 14　https://papyrusebers.de/（2024年6月13日閲覧）

p. 15　"G0280 MdC G17," AKU PAL, https://aku-pal.uni-mainz.de/graphemes
#id=265（2024年3月13日閲覧）

p. 18　https://lab.library.universiteitleiden.nl/abnormalhieratic/papyri/p-louvre-e-
7851-recto/（2024年6月13日閲覧）

p. 19　メトロポリタン美術館：所蔵番号21.2.122　Rogers Fund, 1921

p. 22　http://129.206.5.162/beta/palaeography/palaeography.html?q=%F0%93
%85%93（2024年6月13日閲覧）

p. 52　http://proteus.brown.edu/introtoegypt09/8995（2024年4月24日閲覧）

p. 54　Denise Schmandt-Besserat "Tokens: their Significance for the Origin of
Counting and Writing" https://sites.utexas.edu/dsb/tokens/tokens/（2024
年6月13日閲覧）

p. 59　Markh提供

p. 60　左右　著者提供

p. 67　Wadi el-Hol inscriptions II drawing by Marilyn Lundberg

p. 81　メトロポリタン美術館：所蔵番号91.8　Gift of George F. Baker, 1891

p. 82　ユニフォトプレス提供

p. 92　Anagoria CC BY 3.0

p. 94　Tolzmann, Don Heinrich, Alfred Hessel and Reuben Peiss. 2001. *The
Memory of Mankind*. Oak Knoll Press.

p. 96　ユニフォトプレス提供

p. 99　Schedel, Hartmann 1493. *Liber Chronicarum*. Nürnberg.

p. 100　Helen Simonsson CC BY-SA 3.0

p. 105　Thevet, André 2018.Les Vrais Pourtraits Et Vies Des Hommes Illustres
Grecz, Latins Et Payens, Vol. 3.Forgotten Books.

p. 114　Olaf Tausch　CC BY 3.0

p. 114　Roland Unger, CC BY-SA 3.0

p. 120　著者提供

p. 130　El-Daly, Okasha 2005. *Egyptology: The Missing Millennium. Ancient Egypt in Medieval Arabic Writings*. UCL Press.

p. 133　Abu Al-Qasim, *Al-Aqalim*: fol 22a.

p. 136　Ali Azaykou, CC BY-SA 4.0

p. 141・カバー　ユニフォトプレス提供

p. 144　Niebuhr, Carsten, Robert Gruen, Evamaria. Gruen(cont.)1992. Entdeckungen im Orient. Reise nach Arabien und anderen Laendern 1761-1767.Erdmann.

p. 145　https://artuk.org/discover/artworks/bishop-warburton-16981779-39720 （2024年6月13日閲覧）

p. 146　William Warburton 1765. *The Divine legation of Moses*.

p. 147　1795, Augustin de Saint-Aubin, Public Domain

p. 151・カバー　Saddhiyama提供

p. 156　The Yorck Project（2002年）10.000 Meisterwerke der Malerei（DVD-ROM）、distributed by DIRECTMEDIA Publishing GmbH. ISBN: 3936122202. | François-Louis-Joseph Watteau

p. 159　ｆｌａｎｋｅｒ提供

p. 159　1874, Illustrated London News

p. 160　ユニフォトプレス提供

p. 162・カバー　Christian Kotnik提供

p. 165・カバー　Arne List提供

p. 166　J. D. Åkerblad 1802. *Lettre sur l'inscription Égyptienne de Rosette*, Paris, 1802)

p. 167・カバー　Henry Perronet Briggs, CC BY-SA 4.0

p. 170・カバー　ユニフォトプレス提供

p. 176　Eugene Birchall / Kingston Lacy: Egyptian obelisk and House / CC BY-SA 2.0

p. 179　Champollion, Jean Francois 1822. *Lettre à M. Dacier*.

p. 180　Champollion, Jean Francois 1822. *Lettre à M. Dacier*.

p. 181　Champollion, Jean Francois, Sr. Stewart, David Grant 2012.*Grammaire Egyptienne: The Foundation of Egyptology*, Createspace Independent Publishing.

p. 183　著者提供

p. 184　著者提供

p. 186　著者提供

p. 191   Nadar - Bibliothèque nationale de France, Public Domain

p. 193   ユニフォトプレス提供

p. 195・カバー   Taylor, John H. (Editor) 2010. *Ancient Egyptian Book of the Dead: Journey through the afterlife.* British Museum Press.

p. 197・カバー   Heinrich Brugsch 1894. *My Life and My Travels.* Berlin. (English translation, 1992)

p. 200   M. Olderdißen, Public Domain

p. 200   https://papyrusebers.de/（2024年6月13日閲覧）

p. 201・カバー   Schreiber, Public Domain

p. 204   https://aaew.bbaw.de/projekt/geschichte/sethe（2024年6月13日閲覧）

p. 205   Sethe, Kurt and Wolfgang Helck 1906. *Urkunden der 18. Dynastie: Historisch-biographische Urkunden.* Publisher J.C. Hinrichs.

p. 206   Unknown author - Archiv des Akademienvorhabens Altägyptisches Wörterbuch der BBAW, CC BY 2.5

p. 209   著者提供

p. 211   1916/18, unknown photographer for Strasbourg University, Public Domain

p. 213   1935, photo by Albert Morton Lythgoe, Public Domain

p. 215   31 December 1899, Public Domain

p. 217   ユニフォトプレス提供

p. 219   1935 photograph, in UK, by unknown author, Public Domain

p. 224・カバー   O'Connor, David. "Jaroslav Cerny." Expedition Magazine 12, no. 4 (July, 1970): https://www.penn.museum/sites/expedition/jaroslav-cerny/（2024年6月13日閲覧）

p. 226   Cerny, Jaroslav, Sarah Israelit Groll and Christopher Eyre 1984. *A Late Egyptian Grammar.* Gregorian University Press.

p. 228・カバー   Hhcoap own work, CC BY-SA 4.0

p. 230   A. M. Bakir 1984. *Notes on Middle Egyptian Grammar.* Aris & Phillips Ltd.

URL一覧

■Das Altägyptische Totenbuch: ein digitales Textzeugenarchiv
（「古代エジプトの『死者の書』デジタル・テキスト原典アーカイブ」）

https://totenbuch.awk.nrw.de/（2024年6月12日閲覧）

ノルトライン＝ヴェストファーレン科学・文化アカデミーとボン大学による、オンラインデータベース。多数の『死者の書』のデータが登録されており、さまざまな情報を得ることができます。

■AKU-PAL · Paläographie des Hieratischen und der Kursivhieroglyphen
（ヒエラティックおよび筆記体ヒエログリフの古文書学〈AKU-PAL〉）

https://aku-pal.uni-mainz.de/（2024年6月12日閲覧）

ヨハネス・グーテンベルク大学マインツと、マインツ科学・文学アカデミー、ドルトムント工科大学が中心となって進めている、ヒエラティックの字形をデータベース化するプロジェクトのポータルサイト。時代や地域によって異なる、ヒエラティックの様々な字形を閲覧することができます。

■『ヒエラティック古書体学』データベース
（Hieratische Paläographie DB）

https://moeller.jinsha.tsukuba.ac.jp/ja/（2024年6月12日閲覧）

永井正勝氏・和氣愛仁氏・中村覚氏・髙橋洋成氏による、ヒエラティックの字形を検索できるオンラインデータベース。ゲオルク・メラーの『Hieratische Paläographie』1〜3巻（1909〜36）に掲載されているヒエラティックの字形を検索できます。

■The Abnormal Hieratic Global Portal
（アブノーマル・ヒエラティック・グローバル・ポータル）

https://lab.library.universiteitleiden.nl/abnormalhieratic/understanding-ah/#getting-started（2024年6月12日閲覧）

ライデン大学のクーン・ドンケル・ヴァン・ヘール氏によるウェブサイト。アブノーマル・ヒエラティックについて、動画や説明書で理解を深めることができます。

■The Demotic Palaeographical Database Project (DPDP)
（デモティック古書体学データベース・プロジェクト〈DPDP〉）

http://129.206.5.162/（2024年6月12日閲覧）

ハイデルベルク大学による、デモティック古書体学データベース・プロジェクトのポータルサイト。地域別・時代別のデモティックの字体を閲覧したり、コーパス検索したりすることができます。

監修

河合 望　かわい のぞむ

1968年東京生まれ。早稲田大学大学院文学研究科修士課程修了。ジョンズ・ホプキンス大学大学院近東学科博士課程修了（Ph.D.)。
現在、金沢大学古代文明・文化資源学研究所長、新学術創成研究機構教授。
米国エジプト調査研究センター特別研究員、ユネスコ（国連教育科学文化機関）コンサルタント、早稲田大学高等研究所准教授、カイロ・アメリカン大学客員教授、金沢大学新学術創成研究機構准教授などを経て現職。30年以上にわたりエジプトでの発掘調査、保存修復プロジェクトに参加。
専攻：エジプト学、考古学
主要著書：『古代エジプト全史』（雄山閣　2021）、『ツタンカーメン　少年王の謎』（集英社新書　2012）、『エジプト王家の谷・西谷学術調査報告書〔I〕──アメンヘテプ3世王墓（KV22）を中心として』（共著、中央公論美術出版　2008）、『古代エジプト』（共訳、岩波書店　2007）など。

編集協力　※50音順

有村元春　（早稲田大学會津八一記念博物館助手）〔第I部、第II部〕

小川潤　　（国立情報学研究所コンテンツ科学研究系（ROIS-DS人文学オープンデータ共同利用センター）・特任研究員）〔第II部第1章〕

加藤慎一　（金沢大学大学院人間社会環境研究科博士後期課程在学）〔第II部第1章〕

榮谷温子　（慶應義塾大学非常勤講師）〔アラビア語〕

高野弥生　（駒澤大学大学院人文科学研究科博士後期課程在学）〔第I部〕

肥後時尚　（筑波大学芸術系助教）〔第I部、第II部第1章〕

執筆者紹介

宮川 創（みやがわ そう）

1989年生まれ。京都大学大学院文学研究科修士課程修了。ゲッティンゲン大学大学院人文学研究科エジプト学・コプト学専修にて博士号（Dr.phil）取得。

現在、筑波大学人文社会系准教授。筑波大学西アジア文明研究センター兼任。人間文化研究機構国立国語研究所客員准教授。東京大学先端科学技術研究センター創発戦略研究オープンラボ（ROLES）Humanitas Futura プロジェクトメンバー。東北大学、駒澤大学などでも非常勤講師を勤める。また、筑波大学、京都大学、駒澤大学、東京外国語大学オープンアカデミー、NHK文化センター、朝日カルチャーセンターなどで古代エジプト語・コプト語を教えた経験をもつ。

専攻：エジプト学・コプト学、言語学、文献学、デジタル・ヒューマニティーズ

読めない文字に挑んだ人々
ヒエログリフ解読1600年史

2024年7月10日　第1版第1刷　印刷
2024年7月20日　第1版第1刷　発行

著者　宮川創（みやがわそう）

監修　河合望（かわい のぞむ）

発行者　野澤武史

発行所　株式会社 山川出版社
〒101-0047　東京都千代田区内神田1-13-13
電話　03(3293)8131(営業)　03(3293)1802(編集)
https://www.yamakawa.co.jp/

印刷所　半七写真印刷工業株式会社

製本所　株式会社ブロケード

装幀　グラフ

本文デザイン・組版　株式会社明昌堂

ISBN 978-4-634-15246-5